L'estime de soi
DE NOS ADOLESCENTS

◆ Guide pratique à l'intention des parents ◆

GERMAIN DUCLOS

DANIELLE LAPORTE

JACQUES ROSS

D1608825

1995

Hôpital Sainte-Justine
Centre hospitalier universitaire
Université de Montréal

Réviseur: Luc Bégin

Conception graphique,
infographie
et dessins d'humour: Hélène Deschênes
                                  Service d'illustration médicale

Responsable de l'édition: Carmen Dupuis
                                  Service des publications

Producteur délégué: Gratien Roussel
                                  Direction de l'enseignement

Production: Service des publications
                                  Direction de l'enseignement
                                  Hôpital Sainte-Justine

Distribution: - Service des publications
                                    Hôpital Sainte-Justine
                                    3175, chemin de la côte-Sainte-Catherine
                                    Montréal (Québec)
                                    H3T 1C5

                                  - Dans toutes bonnes librairies

© 1995 Hôpital Sainte-Justine
       ISBN 2-921215-90-x
                                  Dépot légal: 2° trimestre 1995

                                  Bibliothèque Nationale du Québec

                                  Bibliothèque Nationale du Canada

Tous droits réservés

TABLE DES MATIÈRES

REMERCIEMENTS

Merci aux adolescents, les nôtres et tous ceux que nous avons eu la chance de côtoyer. Merci à eux tous pour leur enthousiasme, pour leur énergie sans limites et pour leurs propos contestataires qui nous ont poussés à nous remettre en question. Merci à Luc Bégin, notre gardien de la langue, à Johanne Plourde pour son travail de secrétariat. Merci au personnel de la polyvalente Mgr. A. M. Parent qui nous a ouvert ses portes nous permettant de dénicher des dessins d'adolescents. À Céline Chevalier, Johanne Duquette, Jean-Jacques Rondeau et Sophie Silvano, un merci particulier pour vos oeuvres qui apparaissent au début de chaque chapitre.

Merci enfin à Hélène Deschênes, Carmen Dupuis, Louise Jolin, Madeleine Leduc et à Gratien Roussel de l'hôpital Sainte-Justine qui nous ont permis de publier ce guide qui nous tenait à cœur!

Ce guide pratique peut être utilisé de différentes façons

Comme outil de réflexion

Vous pouvez vous attarder aux textes théoriques, aux «Saviez-vous que...» et aux «Rappelez-vous!» tout en prenant connaissance des exercices et des questionnaires. Nous espérons que vous passerez de la théorie à la pratique et que vous répondrez à quelques-unes des questions qui vous sont posées. Nous vous invitons, en particulier, à prendre connaissance du questionnaire d'auto-évaluation destiné aux adolescents qui se trouve en annexe.

Comme outil de changement ponctuel

Si vous trouvez, par exemple, que votre adolescent manque de confiance en lui, vous pouvez décider de vous attarder aux exercices du chapitre 1 concernant le sentiment de confiance. Si vous constatez, par ailleurs, que votre jeune éprouve de la difficulté dans ses relations avec ses amis, vous pouvez passer plus de temps à faire les exercices du chapitre 3 qui traite de la participation et de la coopération.

Comme outil de croissance personnelle

Vous décidez de cheminer avec votre adolescent pour développer son estime de soi et vous parcourez le guide chapitre après chapitre. Certains exercices peuvent être complétés sur-le-champ et en peu de temps, d'autres demandent une plus longue période de réflexion et il y en a, enfin, qui peuvent s'échelonner sur plusieurs jours ou sur plusieurs semaines. L'important est que chacun y aille à son rythme! Ainsi, on peut soit utiliser le guide de façon continue, soit n'en faire qu'une partie avant de le mettre de côté et d'y revenir plus tard. Il faut noter, à cet égard, que chaque chapitre forme un tout qui peut être utilisé séparément. Mais ce n'est que l'ensemble du guide qui constitue l'outil dont on a besoin pour favoriser, chez l'adolescent aussi bien que chez les parents et les éducateurs, le développement d'une bonne estime de soi.

Nous sommes devenus soudainement conscients, individuellement et comme société, de l'importance de l'estime de soi. Cela est dû au fait que nous vivons collectivement une période de remise en question. De fait, il s'agit d'une véritable crise d'identité qui est liée à tous les changements rapides que nous rencontrons et qui ressemble beaucoup à cette période importante de la vie qu'est l'adolescence. L'importance que nous accordons à l'estime de soi vient également de l'inquiétude que chacun de nous ressent à la vue de tant d'enfants, d'adolescents et d'adultes déprimés et enclins à se déprécier.

Les médias nous renvoient sans cesse une image déformée de notre compétence parentale et nous rappellent sans ménagement que le Québec affiche des taux de suicide chez les jeunes et de décrochage scolaire parmi les plus élevés au monde. Cette situation explique notre inquiétude et, en même temps, elle nourrit notre volonté de trouver des moyens de contrer la violence, la dépression et l'anxiété.

Notre société s'est transformée très rapidement et, en moins de 30 ou 40 ans, les valeurs de base ont éclaté. Nous sommes passés d'une société catholique centrée sur la famille à une société qui se caractérise par un taux de divorce de 49 p. cent, par une réduction importante du nombre d'enfants, par la présence de la très grande majorité des mères sur le marché du travail et par une tentative faite pour fournir une nouvelle définition du rôle des hommes et des femmes ainsi que de celui des pères et des mères.

Cette transformation sociale provoque, on s'en doute, bien des tiraillements et des remises en question. Il n'est donc pas surprenant que nous ayons le goût, dans les circonstances, de concentrer notre attention et nos efforts sur les forces des individus, sur les éléments positifs des relations humaines et sur l'espoir d'un monde meilleur. L'estime de soi est au cœur de cette démarche.

Qu'est-ce que l'estime de soi?

Chaque individu se fait une idée de lui-même. Cette image de soi, qui est fortement influencée par tous les changements sociaux dont nous avons parlé précédemment, se construit au fil des années et n'est jamais acquise pour toujours.

L'enfant se voit principalement dans le regard que portent sur lui les personnes qu'il juge importantes dans sa vie: ses parents, ses grands-parents, ses enseignants, ses amis, etc. Il se sert des paroles que ces personnes lui adressent et des gestes qu'elles ont à son endroit pour se connaître lui-même. Puis, l'enfant vieillit et les amis prennent peu à peu de l'importance jusqu'à devenir, à l'adolescence, le principal miroir dans lequel il se regarde.

L'âge adulte ne met pas un terme à ce processus. On constate, certains jours, que l'opinion des autres nous rassure sur nous-même et confirme les impressions qu'on a par rapport à soi. À d'autres moments, cette opinion fait mal, blesse et nous fait douter de nous. En fait, certaines recherches démontrent que l'image qu'on a de soi continue à se transformer même après 80 ans.

L'estime de soi est la valeur qu'on s'attribue dans les différentes sphères de la vie. Ainsi, une personne peut avoir une bonne opinion d'elle-même au travail mais une faible estime de soi comme parent! Chaque individu se forge une opinion de lui sur le plan physique (apparence, habiletés, endurance, etc.), sur le plan intellectuel (capacités, mémoire, raisonnement, etc.) et sur le plan social (capacité de se faire des amis, charisme, sympathie, etc.). Il en va de même en amour, au travail et en ce qui concerne la créativité. Il va de soi qu'une personne qui a une bonne image d'elle-même dans la majorité de ces domaines aura une bonne estime de soi générale et que l'inverse est également vrai.

L'estime de soi et l'adolescence

L'adolescence est une période cruciale en ce qui concerne le développement et la consolidation de l'estime de soi. En effet, c'est à ce moment de la vie que chaque individu doit absolument trouver son identité. Pour ce faire, le jeune doit prendre le risque de se séparer de ses parents en se définissant par rapport à eux et en explorant l'intimité avec des amis et avec des personnes du sexe opposé.

Les transformations physiques qui surviennent à l'adolescence brouillent l'image que le jeune a de lui-même. L'adolescent a acquis en outre une capacité de réfléchir sur des concepts abstraits et cela lui fait voir la vie et les autres (et, en particulier, ses parents) sous un nouveau jour. Enfin, il fait face à plusieurs nouveaux rôles sociaux; celui de *travailleur* parce qu'il a besoin de gagner de l'argent pour conquérir son indépendance, celui d'*amoureux* parce que la puberté le pousse à avoir une vie sexuelle et celui d'*apprenti* parce que la vie l'oblige à faire des choix professionnels.

Tous ces changements que vivent les jeunes les placent dans une position de grande vulnérabilité et cela explique qu'ils soient parfois rébarbatifs au premier abord. En fait, ils ont besoin que nous reconnaissions leur valeur et que nous les aidions à consolider leur sentiment de fierté.

Aux parents et aux éducateurs

Les parents et les éducateurs doivent absolument aider les adolescents à développer une bonne estime de soi. De nombreuses recherches démontrent, en effet, qu'elle est au cœur de toute stratégie visant à prévenir de nombreux problèmes chez les jeunes: décrochage, difficulté d'apprentissage, délinquance, abus de drogue et d'alcool, suicide, etc. Il n'est pas facile toutefois d'entrer dans l'univers des adolescents même si c'est avec l'intention de les valoriser. Car ceux-ci cherchent surtout à s'éloigner de nous et, pour y arriver, ils jouent aux indifférents ou à ceux qui savent tout et qui n'ont rien à apprendre.

Il faut bien se rappeler qu'une bonne estime de soi n'est pas synonyme de docilité et de gentillesse. Cela signifie plutôt qu'on a conscience de ses forces et de ses vulnérabilités et que l'on s'accepte soi-même avec ce qu'on possède de plus personnel, c'est-à-dire de plus précieux. Avoir une bonne estime de soi, cela veut dire assumer ses responsabilités, s'affirmer, savoir répondre à ses besoins, avoir des buts et prendre les moyens pour les atteindre. Et cela nécessite une intégrité personnelle et de la considération pour le autres. L'estime de soi, c'est d'abord et avant tout avoir confiance en soi, en ceux que l'on aime et en la vie!

Quand parents et éducateurs travaillent à consolider l'estime de soi des adolescents, ils ont comme projet éducatif de leur permettre de réaliser ce qu'ils ont de meilleur en eux. Pour ce faire, il faut évidemment qu'ils croient en leurs jeunes! De plus, en travaillant à établir de bonnes relations avec leurs adolescents, parents et éducateurs travaillent par le fait même à bâtir leur propre image de soi, ce qui est un bénéfice non négligeable!

Ce guide s'adresse aux parents et aux éducateurs de jeunes de 12 à 18 ans[1]. Il se veut pratique. Il faut donc prendre le temps de le lire, de le relire et de faire à son rythme chacun des exercices proposés. Nous souhaitons enfin que le lecteur n'hésite pas à partager son expérience avec son conjoint ou sa conjointe, avec ses amis et avec des personnes en qui il a confiance.

---

1. Afin de simplifier les exercices, nous utilisons les termes «mère» et «père» ou les abréviations **M** et **P**, mais cet usage n'est évidemment pas restrictif.

Chapitre 1
FAIRE VIVRE UN SENTIMENT DE CONFIANCE
À L'ADOLESCENT

Céline Chevalier, secondaire 5

INTRODUCTION

La psychanalyste Françoise Dolto comparait l'adolescent à un homard qui vient de perdre sa carapace et qui doit se cacher au fond de l'eau, derrière des rochers, en attendant de trouver de nouvelles défenses efficaces. Sous des dehors indifférents et de je-m'en-foutisme, l'adolescent dissimule une profonde sensibilité ainsi qu'une grande vulnérabilité à vos attitudes de même qu'aux réactions que vous avez à son égard.

Rendu à l'âge de l'adolescence, l'enfant ne peut se fier ni à ses perceptions passées ni à ses anciennes idées. Il ne peut s'en remettre non plus à l'image qu'il avait de lui puisqu'il est en processus de changement continuel. S'il reste sans repères, il perd confiance en lui et dans les autres. Il est donc important de l'aider à se rassurer en lui montrant qu'il peut compter sur vous, que vous demeurez fiable et que vous êtes toujours convaincu de sa valeur.

L'existence d'une discipline juste et souple aide également l'adolescent à acquérir un sentiment de confiance. Cette discipline doit être de type démocratique, c'est-à-dire qu'elle doit définir clairement les limites tout en favorisant la négociation et le dialogue. Sa mise en place permet à l'adolescent de développer et de consolider un sentiment de sécurité intérieure.

Même si vous vous efforcez d'têtre un parent fiable et même si vous avez instauré ce type de discipline, il peut arriver que votre jeune manque de confiance en lui. Vivant un trop grand nombre de changements et éprouvant un niveau de stress trop élevé, il en arrive à ne plus trouver de paix intérieure. Dans ces circonstances, vous pouvez l'aider à reconnaître les effets du stress sur lui et à trouver des moyens personnels d'y faire face. En prenant conscience des pressions qu'exercent sur lui l'école, la famille et la société, vous deviendrez plus compréhensif à son égard et vous serez capable de prendre ses réactions à l'emporte-pièce avec philosophie!

A. L'ADOLESCENT A BESOIN QUE SES PARENTS LUI FASSENT CONFIANCE

La confiance en soi comme personne

Le sentiment de confiance est contagieux. Pour pouvoir le transmettre à son adolescent, le parent doit vivre ce sentiment par rapport à lui-même comme personne d'abord et comme parent ensuite. Cette attitude s'appuie sur l'estime qu'on a de soi, sur le sentiment de sa valeur personnelle.

Vérifiez le niveau de confiance que vous avez en vous-même en faisant le test suivant.
(✓ cochez dans les cases de votre choix)

	Toujours (10 pts)	Souvent (7 pts)	Parfois (3 pts)	Rarement (0 pt)
Je suis satisfait(e) de ma santé et je sais que mon corps peut résister à plusieurs agressions (virus, bactéries, traumatismes, etc.)		✓		
Je suis satisfait(e) de mon apparence physique		✓		
Je suis habile dans certains sports	✓			
Je suis habile dans certaines activités manuelles		✓		
J'ai une bonne capacité de raisonnement	✓			
Je suis apprécié(e) de mes amis(e)s		✓		
J'aime essayer des choses nouvelles			✓	
Je sais me débrouiller face à des difficultés	✓			
Je suis d'humeur joyeuse et agréable		✓		
Je suis capable de gérer mon stress		✓		
	30	42	3	

Total des points [75]

De 80 à 100 points: J'ai confiance en moi sur les plans physique, intellectuel et affectif.

De 60 à 80 points: La plupart du temps, je me sens en possession de mes moyens et j'ai confiance en moi.

De 40 à 60 points: J'ai peu confiance en moi et je doute régulièrement de mes capacités.

Moins de 40 points: Je manque carrément de confiance en moi et je dois travailler à prendre de l'assurance pour être mieux dans ma peau.

La confiance en soi peut se développer à n'importe quel moment de la vie. Elle est associée à une relation d'attachement et elle se construit avec l'intériorisation d'expériences positives au cours desquelles on a fait preuve de qualités, de talents et de capacités relationnelles. La confiance que l'on a en soi comme parent s'appuie d'abord et avant tout sur notre sentiment de confiance personnelle comme adulte.

La confiance en soi comme parent

Il importe d'évaluer le plus objectivement possible vos attitudes et vos actions éducatives à l'égard de votre adolescent ainsi que les soins que vous lui prodiguez.

Vérifiez le niveau de confiance que vous avez en vous-même comme parent en faisant le test suivant.

(✓ cochez dans les cases de votre choix)

	Toujours (10 pts)	Souvent (7 pts)	Parfois (3 pts)	Rarement (0 pt)
Je vois à ce que mon ado soit bien nourri(e), habillé(e) et logé(e)	✓			
Je comprends ses divers besoins		✓		
Je suis disponible en ce qui concerne ses besoins	✓			
Je l'aide à gérer son stress		✓		
Je suis à l'écoute de ses sentiments		✓		
Je suis à l'écoute de ses idées et de ses opinions		✓		
Je favorise son autonomie		✓		
Je l'aide dans ses initiatives		✓		
Je souligne ses efforts et ses succès		✓		
Je favorise sa socialisation		✓		

20   56

Total des points 76

De 80 à 100 points: J'ai confiance en mes ressources comme parent et je me sens capable de guider mon adolescent(e) au cours de cette période de la vie.

De 60 à 80 points: La plupart du temps, je me reconnais la compétence parentale nécessaire à la poursuite de l'éducation de mon adolescent(e).

De 40 à 60 points: J'ai peu confiance en mes capacités parentales depuis que mon enfant est parvenu à l'âge de l'adolescence.

Moins de 40 points: Je manque carrément de confiance en ma compétence parentale et je peux difficilement faire vivre un sentiment de confiance à mon adolescent(e).

La confiance que l'on a en soi comme parent est conditionnée par toutes les expériences que l'on a vécues avec son enfant depuis sa naissance. Certaines d'entre elles ont été très heureuses alors que d'autres se sont avérées plus difficiles. Comme parent, chacun se reconnaît des forces ou des points forts qui ont aidé au développement de l'enfant au cours des années précédentes. Ce sont ces forces qui deviennent les assises de la confiance en soi comme parent et qui donnent une assurance personnelle dans l'éducation de l'adolescent. Le sentiment de confiance de l'adolescent à l'égard de ses parents n'apparaît pas magiquement. Il grandit jour après jour et il ne se manifeste que lorsque les parents se montrent généralement fiables dans leurs actions quotidiennes. La confiance naît de la fiabilité.

Mon adolescent peut me faire confiance

Vérifiez votre niveau de fiabilité en faisant le test suivant.
(✓ cochez dans les cases de votre choix)

	Toujours (10 pts)	Souvent (7 pts)	Parfois (3 pts)	Rarement (0 pt)
Je tiens les promesses que je fais à mon ado	✓			
Je vis moi-même les valeurs que je lui transmets	✓			
Je suis d'humeur égale		✓		
Ma discipline à la maison n'est pas influencée par mes humeurs		✓		
J'arrive à l'heure à mes rendez-vous	✓			
Je suis sûr(e) de mes décisions		✓		
Je persévère dans mes décisions malgré les difficultés	✓			
Je garde mes idées malgré les pressions extérieures		✓		
Je termine ce que j'ai commencé	✓			
Je tiens mes promesses dans les délais prévus	✓			

60   28

Total des points 88

De 80 à 100 points: Je suis un parent très prévisible, ce qui rassure mon adolescent(e). Mais, en même temps, je dois faire attention de ne pas être trop rigide.

De 60 à 80 points: Je suis un parent fiable. Je suis prévisible et souple à la fois.

De 40 à 60 points: Je change souvent d'idée ou d'attitude et mon adolescent(e) ne sait pas toujours sur quel pied danser.

Moins de 40 points: Je ne suis pas un parent fiable et mon jeune peut difficilement me faire confiance.

Ma confiance envers mon enfant

Ce n'est pas parce que l'enfant est devenu un adolescent qu'on a soudainement confiance en lui. La confiance entre le parent et l'enfant est un sentiment qui se développe graduellement. Pour y arriver, il faut que s'établisse une relation d'attachement sécurisant entre les deux et que le parent reconnaisse les forces, les habiletés et les talents de l'enfant. Nous vous proposons maintenant de revenir quelques années en arrière et d'évaluer la confiance que vous ressentiez à l'égard de votre enfant aujourd'hui devenu adolescent.

Essayez d'évaluer le plus objectivement possible la confiance que vous ressentiez à l'égard de votre enfant en faisant le test suivant.
(✓cochez dans les cases de votre choix)

Mon enfant...	Toujours (10 pts)	Souvent (7 pts)	Parfois (3 pts)	Rarement (0 pt)
Était habile dans certains sports	✓	☐	☐	☐
Était habile dans certaines activités manuelles	☐	✓	☐	☐
Avait une bonne capacité de raisonnement	✓	☐	☐	☐
Exprimait ses idées et ses sentiments	✓	☐	☐	☐
Était sociable	✓	☐	☐	☐
Respectait les règlements et les procédures	✓	☐	☐	☐
Se débrouillait face à des difficultés	☐	✓	☐	☐
Persévérait dans ses efforts	☐	✓	☐	☐
Assumait bien ses responsabilités	✓	☐	☐	☐
Faisait preuve de franchise et d'honnêteté	☐	✓	☐	☐

60   28

Total des points 88

17

De 80 à 100 points: Vous aviez une grande confiance en votre enfant.

De 60 à 80 points: La plupart du temps, vous aviez confiance en votre enfant.

De 40 à 60 points: Il vous arrivait souvent de ne pas faire confiance en votre enfant.

Moins de 40 points: Vous n'aviez pas confiance en votre enfant.

Ma confiance envers mon adolescent

De l'enfance à l'adolescence, votre confiance à l'égard de votre enfant est demeurée stable ou s'est enrichie ou appauvrie. Cela s'est fait selon ce que vous avez vécu avec l'enfant durant son développement et selon la qualité des adaptations mutuelles.

Vérifiez le niveau de confiance que vous ressentez maintenant à l'égard de votre jeune en faisant le test suivant.
(✓ cochez dans les cases de votre choix)

Mon ado...

	Toujours (10 pts)	Souvent (7 pts)	Parfois (3 pts)	Rarement (0 pt)
Est habile dans certains sports	☑	☐	☐	☐
Est habile dans certaines activités manuelles	☐	☑	☐	☐
A une bonne capacité de raisonnement	☐	☑	☐	☐
Exprime ses idées et ses sentiments	☑	☐	☐	☐
Est sociable	☑	☐	☐	☐
Est capable de s'autocontrôler	☐	☑	☐	☐
Est capable d'initiatives	☐	☑	☐	☐
Fait preuve d'autonomie	☑	☐	☐	☐
Assume bien ses responsabilités	☑	☐	☐	☐
Se débrouille face à des difficultés	☑	☐	☐	☐

60   28

Total des points 88

De 80 à 100 points: Vous avez confiance dans les ressources de votre adolescent(e). Vous considérez que ses comportements sont responsables.

De 60 à 80 points: La plupart du temps, vous avez confiance en votre adolescent(e) même si certains de ses comportements vous déconcertent parfois.

De 40 à 60 points: Vous avez peu confiance en votre adolescent(e). Vous considérez que ses comportements sont irresponsables.

Moins de 40 points: Vous n'avez pas du tout confiance en votre adolescent(e) qui ne vous apparaît pas fiable.

Vous êtes maintenant en mesure de trouver des réponses aux questions suivantes.

Est-ce qu'il y a un écart significatif entre la confiance que vous ressentiez pour votre enfant et celle que vous lui portez maintenant qu'il (elle) est devenu(e) adolescent(e)?

....

Si oui, essayez d'identifier les facteurs qui ont fait augmenter votre sentiment de confiance ou qui l'ont fait diminuer.

....

....

....

Votre enfant a-t-il beaucoup changé en grandissant?

....

Si oui, avez-vous bien accepté ces changements?

....

....

Avez-vous fait des efforts pour vous adapter à la période de l'adolescence?

....

Si oui, quelles attitudes avez-vous adoptées et quels moyens avez-vous utilisés?

....

....

....

N'oubliez pas, enfin, qu'il peut exister un écart entre la confiance que vous portez à votre jeune et celle qu'il ressent à son égard.

Vérifiez le niveau de confiance que votre jeune ressent à son égard en lui faisant faire le test suivant.

(✓cochez dans les cases de votre choix)

	Toujours (10 pts)	Souvent (7 pts)	Parfois (3 pts)	Rarement (0 pt)
Je suis en bonne santé	❏	❏	❏	❏
Je suis calme quand je suis malade ou que je me blesse	❏	❏	❏	❏
Je suis satisfait(e) de mon apparence physique	❏	❏	❏	❏
Je suis habile dans certains sports	❏	❏	❏	❏
Je suis habile dans certaines activités manuelles	❏	❏	❏	❏
J'ai confiance en ma capacité de raisonnement	❏	❏	❏	❏
Je suis apprécié(e) de mes ami(e)s	❏	❏	❏	❏
J'aime essayer des choses nouvelles	❏	❏	❏	❏
J'ai confiance de pouvoir me débrouiller face à des difficultés	❏	❏	❏	❏
Je désire être moins dépendant(e) de mes parents et poser des gestes autonomes	❏	❏	❏	❏
Je suis capable de gérer mon stress	❏	❏	❏	❏

Total des points ❏

De 80 à 100 points: J'ai confiance en moi.

De 60 à 80 points: La plupart du temps, j'ai confiance en moi.

De 40 à 60 points: Je manque souvent de confiance en moi.

Moins de 40 points: Je n'ai pas souvent confiance en mes capacités.

Comment aider mon adolescent à acquérir une plus grande confiance en lui-même?

Voici quelques grands principes que vous devriez respecter parce qu'ils sont susceptibles d'aider votre jeune à maintenir sa confiance en lui-même ou à en acquérir une plus grande.

Il faut éviter:

- de trop le protéger ou de le contrôler abusivement;

- d'avoir des attentes irréalistes à son égard.

Il faut surtout l'aider:

- à être moins dépendant de vous;

- à vivre des expériences variées;

- à faire des choix tout en prenant conscience des conséquences positives et négatives qui en découlent;

- à accepter ses erreurs et à les voir comme des occasions d'évoluer.

B. L'ADOLESCENT A BESOIN DE PARTICIPER À L'ÉLABORATION DES RÈGLES QUI LE CONCERNENT

Saviez-vous que...

◆ Tous les parents attendent de leur adolescent, à mesure qu'il grandit, une maîtrise de plus en plus grande de ses conduites, de ses comportements et de ses attitudes.

◆ L'adolescent capable d'autodiscipline est celui qui a été encouragé très tôt à être autonome et qui continue d'être guidé et encouragé dans ses initiatives personnelles.

◆ Toute famille a besoin de règles de conduite bien définies qui préviennent les malentendus ainsi que les conflits, et qui précisent, en même temps, les droits et privilèges de chacun.

◆ **Ces règles sont des outils essentiels pour faire régner l'harmonie familiale.**

Des règles claires

Les règles permettent de véhiculer des valeurs éducatives. Mentionnons, à titre d'exemple, le respect de soi, le respect des autres, la tolérance des différences, la compréhension mutuelle, etc.

Nommez trois (3) valeurs fondamentales que vous aimeriez transmettre à votre jeune.

....

....

....

Nommez cinq (5) règles familiales qui traduisent l'importance que vous attachez à ces valeurs.

....

....

....

....

....

En regard de ces cinq (5) règles familiales, observez votre jeune et dressez une liste de ses conduites adéquates et une autre de ses conduites à améliorer.

Conduites adéquates	Conduites à améliorer
....	....
....	....
....	....
....	....
....	....

Est-ce que votre jeune comprend bien les principes véhiculés par ces règles?

Oui ❑　　　Non ❑

Comment vous assurez-vous de cette compréhension?

....

....

....

Est-ce que chacune de ces règles a fait l'objet d'une véritable négociation avec votre jeune?

Oui ❑　　　Non ❑　　　Partiellement ❑

Acceptez-vous de répéter calmement et fréquemment à votre jeune le sens des valeurs et des règles familiales que vous lui proposez?

Oui ❑　　　Non ❑　　　Partiellement ❑

23

Quelles sont vos attitudes personnelles quand vous le faites?

....

....

....

Croyez-vous qu'il existe un sentiment de confiance mutuelle entre votre jeune et vous?

....

Si oui, comment cela se traduit-il dans la vie quotidienne?

....

....

....

Sinon, comment pourriez-vous améliorer votre relation?

....

....

....

Des règles concrètes

Les règles familiales doivent être établies en fonction de comportements concrets souhaités. On qualifie un comportement de concret lorsqu'on peut l'observer et le mesurer.

Prenez le temps de dresser la liste des règles familiales et des comportements concrets souhaités qui s'y rapportent.

Règles familiales   Comportements concrets souhaités

1. [   ]   1. ....

                                               2. ....

                                               3. ....

2. [   ]   1. ....

                                               2. ....

                                               3. ....

24

3. [   ]   1. ....
                             2. ....
                             3. ....

4. [   ]   1. ....
                             2. ....
                             3. ....

5. [   ]   1. ....
                             2. ....
                             3. ....

Lorsque votre jeune manifeste un comportement souhaité, soulignez-vous positivement l'événement?

Rarement ❑   Quelquefois ❑   Souvent ❑   Toujours ❑

Profitez-vous des occasions suivantes pour féliciter et encourager votre jeune?
(✓ cochez dans les cases de votre choix)

	Toujours	Souvent	Parfois	Rarement
Mon ado...				
Pose un geste d'entraide	❑	❑	❑	❑
Émet une idée intéressante	❑	❑	❑	❑
Exécute efficacement un travail	❑	❑	❑	❑
Coopère à la réalisation d'une tâche	❑	❑	❑	❑
Propose une activité familiale	❑	❑	❑	❑
Accepte de garder les plus jeunes	❑	❑	❑	❑
Range sa chambre	❑	❑	❑	❑
Manifeste de la bonne humeur	❑	❑	❑	❑
Rentre à la maison à l'heure convenue	❑	❑	❑	❑

Si vous avez répondu *parfois* ou *rarement* à plusieurs de ces énoncés, prenez le temps dorénavant de souligner les initiatives positives de votre ado. Cela rehaussera son estime de soi.

Quelle est l'attitude que votre jeune adopte lorsque vous l'encouragez?

....

....

....

Si ce n'est pas dans vos habitudes d'encourager votre jeune, prenez la décision de le faire et trouvez de quelle façon vous allez vous y prendre.

Des règles constantes

L'application des règles ne doit pas varier selon l'humeur ou le caprice de l'adulte ou du jeune.

Quelle est votre première réaction émotive lorsque votre jeune manifeste les comportements suivants?

Comportement de l'ado	Réaction émotive	Intervention souhaitable
Empiète sur les droits des autres	_____	_____
Use de violence verbale ou physique	_____	_____
Transgresse une règle familiale	_____	_____
Demande de nouveau un surplus d'argent	_____	_____
Ne veut plus d'une heure fixe pour rentrer à la maison	_____	_____
Fréquente des ami(e)s douteux	_____	_____
Obtient de mauvais résultats scolaires	_____	_____
S'oppose, harcèle ou se rebelle	_____	_____
Refuse de vous accompagner lors d'une vacance familiale	_____	_____
Rentre à la maison après avoir consommé de l'alcool ou de la drogue	_____	_____
Veut passer la nuit avec son ami(e) de cœur sous votre toit	_____	_____

Il est important d'offrir au jeune une vraie marge de liberté à l'intérieur d'un cadre de vie dont les possibilités et les limites sont clairement établies, stables et constantes. Ce type d'encadrement familial sécurise le jeune et lui permet de percevoir ses parents comme des êtres prévisibles, fiables et dignes de confiance.

Des règles conséquentes

Tous les adolescents ont, à des degrés divers, une propension à transgresser les règles. Il est important qu'ils assument les conséquences logiques qui découlent de leurs comportements et de leurs écarts de conduite.

Les conséquences doivent être logiques, c'est-à-dire relatives au bon sens. Ces conséquences doivent être discutées, conçues et acceptées par tous les membres de la famille. Une conséquence logique est naturellement liée au comportement d'un individu ou d'un groupe, et elle met en évidence le résultat (positif ou négatif) d'un acte ou d'un comportement particulier.

Énoncez les conséquences logiques qui découlent naturellement des manquements aux règles familiales établies après une négociation avec votre jeune.

Comportements inadéquats de l'ado	Règles familiales déjà établies	Conséquences logiques
1 _____	1. _____	1. _____
2. _____	2. _____	2. _____
3. _____	3. _____	3. _____
4. _____	4. _____	4. _____
5. _____	5. _____	5. _____

Types d'interventions possibles face à un comportement inadéquat

ARRÊTER l'action

Mettre fin à un comportement jugé dangereux pour soi ou pour les autres. Cet arrêt peut s'effectuer avec des moyens dont la famille dispose ou en utilisant les services d'alliés naturels (DPJ, intervenants scolaires, etc.).

Exemples de comportements dangereux qui peuvent requérir ce type d'intervention: frapper, agresser, consommer abusivement, se mutiler, faire usage d'arme à feu ou d'arme blanche, etc.

RECONNAÎTRE les émotions et les sentiments

Derrière un comportement inadéquat ou désagréable, se cachent souvent des émotions ou des sentiments négatifs qui ne sont pas exprimés comme tels. Cela vaut la peine d'essayer de les découvrir avant de réagir au comportement.

Exemples de comportements inadéquats ou désagréables qui peuvent requérir ce type d'intervention: mauvaise humeur, bouderie, repli sur soi, intolérance, frustration, insatisfaction, provocation, etc.

EXPRIMER clairement le sens des valeurs et des règles familiales

À la suite d'un comportement inadéquat, le parent peut «éclairer» le sens de la valeur ou de la règle transgressée. Il en précise le sens caché en expliquant la conduite attendue ainsi que le principe qui la sous-tend.

Exemples de comportements inadéquats qui peuvent requérir ce type d'intervention: individualisme, absence de solidarité, refus de coopérer, refus de partager, refus de s'impliquer, etc.

NÉGOCIER les conflits relatifs aux besoins

Les comportements inadéquats de l'adolescent sont souvent le résultat d'un manque de communication avec ses parents. Lorsque les besoins de l'adolescent et ceux de ses parents sont explicités, partagés et situés dans un cadre réaliste pour les deux parties, la possibilité de vivre en harmonie est augmentée d'autant.

Exemples de comportements inadéquats qui peuvent requérir ce type d'intervention: entrées tardives, dépenses excessives d'argent, problème dans le rangement de la chambre, mauvais usage des espaces communautaires, etc.

Choisissez le type d'intervention qui vous semble le plus approprié pour résoudre les comportements inadéquats suivants.
(✓cochez dans les cases de votre choix)

Comportement de l'ado	Intervention appropriée			
	Arrêter	Reconnaître	Exprimer	Négocier
Adopte des attitudes négatives et utilise des paroles blessantes vis-à-vis des autres	❏	❏	❏	❏
Se rebelle et se montre insolent(e) vis-à-vis des figures d'autorité	❏	❏	❏	❏
Agresse, se venge ou contre-attaque	❏	❏	❏	❏
Vole et se livre à du vandalisme	❏	❏	❏	❏
Transgresse certaines ententes intervenues avec les adultes (parents, enseignants et enseignantes)	❏	❏	❏	❏
Se met en colère, crie et casse des objets	❏	❏	❏	❏
Tyrannise les plus jeunes ou les plus faibles	❏	❏	❏	❏
S'associe à des ami(e)s douteux ou qui ne conviennent pas	❏	❏	❏	❏
Dénigre constamment les autres	❏	❏	❏	❏
Donne aux autres tous les torts et les rend responsables de tout	❏	❏	❏	❏
Plagie ou triche à l'école	❏	❏	❏	❏
Abuse de drogue ou d'alcool	❏	❏	❏	❏
Ignore les autres, se tait, s'enferme dans le silence et prend ses distances	❏	❏	❏	❏
S'apitoie sur son sort, gémit et refuse de s'impliquer dans la résolution des problèmes	❏	❏	❏	❏
Fait du chantage affectif	❏	❏	❏	❏
Manipule à sa guise ou oublie tout simplement le sens des règles familiales et sociales	❏	❏	❏	❏
Agit et se comporte selon le principe du «pas vu, pas pris, pas coupable»	❏	❏	❏	❏
Utilise le mensonge même lorsqu'il lui serait facile de dire la vérité	❏	❏	❏	❏
Pratique la loi du moindre effort (absence d'implication)	❏	❏	❏	❏

Saviez-vous que...

◆ La plupart des conflits entre les parents et leurs adolescents sont le résultat de l'ambivalence des jeunes à assumer leurs responsabilités et leur autonomie ainsi que de la tendance des parents à projeter leurs propres rêves, désirs et attentes sur leurs enfants.

Des règles congruentes

Être congruent, c'est témoigner par l'exemple. Ainsi, l'adulte congruent respecte lui-même les règles qu'il privilégie. Il doit agir en fonction des valeurs qu'il veut transmettre à l'adolescent. En témoignant par l'exemple, il inspire la confiance.

J'évalue ma propre congruence comme parent.
(✓cochez dans les cases de votre choix)

	Un peu (1 pt)	Moyennement (5 pts)	Beaucoup (10 pts)
J'apprécie que mon ado ait plusieurs ami(e)s	❏	❏	❏
J'apprécie que mon ado puisse s'affirmer	❏	❏	❏
J'accepte que mon ado refuse certaines de mes demandes	❏	❏	❏
J'accepte que mon ado fasse des choix personnels	❏	❏	❏
Je l'encourage à développer de nouvelles amitiés	❏	❏	❏
Je l'encourage à partager et à coopérer	❏	❏	❏
Je l'incite à développer de nouveaux intérêts	❏	❏	❏
Je l'encourage à exprimer ses émotions et ses besoins	❏	❏	❏
Je l'encourage à découvrir de nouvelles activités	❏	❏	❏
J'accepte que mon ado soit un leader	❏	❏	❏
J'accepte que mon ado soit parfois entêté(e)	❏	❏	❏
Je crée des occasions pour que nous échangions en toute complicité	❏	❏	❏

	Un peu (1 pt)	Moyennement (5 pts)	Beaucoup (10 pts)
Je l'encourage à exercer ses habiletés physiques, intellectuelles et relationnelles	❑	❑	❑
Je lui offre souvent de choisir entre plusieurs possibilités	❑	❑	❑
Je me désengage le plus souvent possible de la relation de pouvoir	❑	❑	❑
Je l'encourage à utiliser autant son intuition que sa raison	❑	❑	❑
J'interviens fermement lorsque mon ado dépasse les bornes	❑	❑	❑

Total des points

De 100 à 170 points: Vous encouragez votre jeune à s'affirmer, à prendre ses responsabilités et à devenir autonome. Vous êtes une personne congruente qui sait faire preuve de souplesse et de fermeté.

De 50 à 100 points: Cette période de l'adolescence n'est pas facile à vivre pour vous. Vous devriez vous demander si vous pratiquez vous-même ce que vous exigez de votre jeune. Il se pourrait qu'il y ait une lutte de pouvoir entre vous et lui! Les parents qui font preuve de trop de rigidité ou qui qui sont trop peu fermes n'encouragent pas leur jeune à s'affirmer positivement. N'oubliez pas que la négociation permet de résoudre bien des conflits.

Moins de 50 points: Il semble que vous vivez cette phase de l'adolescence comme une attaque personnelle contre vous ou, tout au moins, comme une remise en question de votre autorité. Réfléchissez à votre propre attitude face à l'autorité. Si vous n'arrivez pas à créer le «lien» avec votre jeune, cherchez de l'aide. Cela en vaut vraiment la peine, autant pour vous que pour votre jeune.

Types de discipline

Autoritaire

Les parents veulent absolument tout planifier, décider de tout et tout contrôler. Ils consultent généralement pour la forme. L'adolescent devient soit très conformiste, soit révolté. Dans les deux cas, il est découragé, dépressif et malheureux.

Basée sur le laisser-faire

Les parents laissent l'adolescent décider de tout sous le prétexte qu'il doit faire ses propres expériences. L'adolescent n'a aucun cadre de référence stable et digne de confiance. Il expérimente au gré de ses désirs et de ses impulsions. Il présente des comportements à risque et ses expériences ne sont pas toujours positives. À la limite, il se sent peu important pour ses parents, mal-aimé ou abandonné.

Démocratique

Les parents ont des règles claires, concrètes, constantes, conséquentes et congruentes. Ils sont capables de témoigner par l'exemple et de négocier la vie en commun. Ils sont souples, mais fermes. Les adolescents continuent de s'affirmer en contestant, mais ils apprennent peu à peu à comprendre et à accepter les réalités et les responsabilités de la vie en commun.

Essayez de voir si vous pratiquez une discipline démocratique avec votre jeune.
(✓ cochez dans les cases de votre choix)

	Oui	Non
Je tiens compte de ses besoins	❏	❏
Je propose des alternatives aux affrontements et aux conflits	❏	❏
Je suis ouvert(e) aux échanges et à la communication	❏	❏
Je suis souple dans mes décisions et dans ma façon de les appliquer	❏	❏
Je suis capable de m'affirmer à l'intérieur de mes limites personnelles	❏	❏
J'accepte de laisser passer des choses	❏	❏
Je témoigne par l'exemple	❏	❏
J'accepte que mon ado exprime toutes ses opinions	❏	❏
J'enseigne la tolérance par la tolérance	❏	❏
J'encourage la curiosité et les initiatives personnelles	❏	❏
Je favorise l'autonomie et le sens des responsabilités	❏	❏
Je lui propose des activités agréables	❏	❏
Je félicite mon ado lorsqu'il ou elle démontre de la détermination	❏	❏
Je lui démontre ma confiance	❏	❏
Je l'aide à agir seul(e)	❏	❏

L'éducation familiale peut grandement aider à rendre l'adolescent autonome. Il ne suffit pas uniquement d'amener l'adolescent à s'autodiscipliner, il faut aussi lui permettre de s'enraciner dans son intuition, dans son intelligence et dans sa liberté.

C. L'ADOLESCENT A BESOIN D'APPRENDRE À GÉRER SON STRESS

Les causes du stress à l'adolescence

Saviez-vous que...

Selon plusieurs auteurs, les trois principales causes du stress à l'adolescence
sont:

◆ le divorce des parents;

◆ les disputes entre les parents;

◆ la délinquance du père et la dépression de la mère.

Il est nécessaire que les adolescents se détachent de leurs parents. Or, ils ne peuvent pas facilement le faire si ceux-ci ne représentent pas des modèles solides et sécurisants. Dans ce cas, les jeunes deviennent vite anxieux.

En pensant aux six (6) derniers mois, est-ce que votre jeune:

	Oui	Non
A été témoin de beaucoup de disputes entre ses parents ou entre un parent et son conjoint ou sa conjointe	❑	❑
A vécu la séparation de ses parents	❑	❑
A vécu le divorce de ses parents	❑	❑
A été témoin de moments dépressifs importants chez l'un de ses parents	❑	❑
A été témoin de violence ou de gestes délinquants de la part de l'un de ses parents	❑	❑

Si vous réalisez que votre jeune a vécu des moments de grand stress familial au cours des six (6) derniers mois, vous devez prendre des mesures pour le ménager en évitant d'en faire un confident ou un témoin de vos conflits! Vous pouvez également lui parler de la situation d'ensemble et lui suggérer différentes façons de contrer son stress. Vous en trouverez quelques-unes en pages 39 et 40.

Le stress provoque beaucoup de tensions et a des effets sur la santé physique et sur l'humeur. Afin de mieux connaître votre jeune, demandez-lui de répondre le plus honnêtement possible au questionnaire suivant.

(✓cochez dans les cases de votre choix)

Mon image corporelle	Pas du tout (0 pt)	Un peu (2 pt)	Moyennement (5 pts)	Beaucoup (10 pts)
Mon allure physique me préoccupe	✓			
Je me considère malhabile dans les sports		✓		
Je me trouve trop maigre ou trop gros(se)			✓	
Je pense que j'ai un gros défaut physique (gros nez, etc.)	✓			
Mon apparence me gêne		✓		

Total des points ☐

De 0 à 10 points: Dans ton cas, l'image corporelle n'est pas un facteur de stress.

De 10 à 25 points: Ton image corporelle te préoccupe parfois, mais de façon modérée.

Plus de 25 points: Ton image corporelle te préoccupe tellement que cela te stresse.

Ma vie scolaire	Pas du tout (0 pt)	Un peu (2 pt)	Moyennement (5 pts)	Beaucoup (10 pts)
Je suis anxieux(euse) lorsque je dois remettre un travail			✓	
Je reporte toujours à plus tard ce que j'ai à faire pour l'école				✓
La veille d'un examen, j'ai de la difficulté à dormir		✓		
Face à un examen, je suis tendu(e) (mains moites, etc.)		✓		
Je ressens un grand trac avant un exposé oral		✓		

Total des points ☐

35

De 0 à 10 points: L'école ne te stresse pas.

De 10 à 25 points: L'école est un élément de stress dans ta vie, mais tu peux le contrôler.

Plus de 25 points: L'école provoque chez toi un grand stress.

Ma vie familiale

	Pas du tout (0 pt)	Un peu (2 pt)	Moyennement (5 pts)	Beaucoup (10 pts)
Je suis mal à l'aise en présence de mes parents	☑	☐	☐	☐
Je suis en conflit avec mes frères et sœurs	☑	☐	☐	☐
J'ai peur des réactions de mes parents	☐	☐	☑	☐
Je me demande si mes parents vont se séparer	☑	☐	☐	☐
La santé physique ou psychologique d'un de mes parents m'inquiète	☑	☐	☐	☐

Total des points ☐

De 0 à 10 points: Ta vie familiale est calme.

De 10 à 25 points: Tu vis du stress dans ta famille, mais de façon modérée.

Plus de 25 points: La vie familiale est stressante pour toi.

Ma vie sociale

	Pas du tout (0 pt)	Un peu (2 pt)	Moyennement (5 pts)	Beaucoup (10 pts)
Je voudrais plus d'ami(e)s	☐	☑	☐	☐
Je suis mal à l'aise en groupe	☐	☐	☑	☐
Je manque d'argent de poche et je peux difficilement participer aux activités de ma gang	☐	☐	☑	☐
Mes ami(e)s ignorent mes goûts et de mes désirs	☐	☐	☑	☐
Je suis en conflit avec mes ami(e)s	☑	☐	☐	☐

Total des points ☐

De 0 à 10 points: Ta vie sociale est «cool».

De 10 à 25 points: Il y a parfois des tensions dans ta vie sociale.

Plus de 25 points: Ta vie sociale provoque un grand stress chez toi.

Ma vie amoureuse	Pas du tout (0 pt)	Un peu (2 pt)	Moyennement (5 pts)	Beaucoup (10 pts)
Les jeunes de l'autre sexe m'ignorent	☐	☑	☐	☐
Je pense que personne ne veut sortir avec moi	☑	☐	☐	☐
J'ai eu une peine d'amour dans les derniers mois	☑	☐	☐	☐
J'ai de la difficulté à me faire un copain (une copine)	☑	☐	☐	☐
J'ai l'impression que les garçons (ou les filles) ne m'aiment pas	☑	☐	☐	☐

Total des points

De 0 à 10 points:	Ta vie amoureuse est au beau fixe.
De 10 à 25 points:	Il y a des tensions dans ta vie amoureuse, mais de façon normale.
Plus de 25 points:	Il y a beaucoup de stress dans ta vie amoureuse.

En répondant aux questions concernant l'image corporelle, la vie à l'école, la vie familiale, la vie sociale et la vie amoureuse, tu as appris à connaître les sphères de ta vie qui te stressent le plus. Tu peux maintenant faire le grand total des points et prendre connaissance du résultat.

Total des points

De 0 à 50 points:	Tu es calme et serein(e); tu peux dormir sur tes deux oreilles.
De 50 à 125 points:	Certaines choses te préoccupent. Mais, la plupart du temps, tu es capable de contrôler ton niveau de stress.
Plus de 125 points:	Par moments, tu vis de grands stress. Si tu ne veux pas être malade ou toujours mal dans ta peau, tu dois trouver des moyens pour changer cette situation.

Saviez-vous que...

◆ Les adolescents, comme les adultes, réagissent au stress soit par des symptômes physiques (mal à la tête, tics, etc.), soit par des problèmes de comportement ou d'apprentissage (agressivité, retrait, perte de mémoire, etc.).

Afin de mieux connaître votre jeune, demandez-lui de répondre le plus honnêtement possible au questionnaire suivant.

En pensant aux deux dernières semaines, t'est-il arrivé:
(✓ cochez dans les cases de votre choix)

	Pas du tout (0 pt)	Un peu (2 pt)	Passablement (5 pts)	Beaucoup (10 pts)
D'avoir une «boule» dans la gorge	❑	❑	❑	❑
D'avoir les mains moites	❑	❑	❑	❑
D'être tendu(e)	❑	❑	❑	❑
D'avoir l'impression de manquer toujours de temps	❑	❑	❑	❑
D'avoir mal au dos, au ventre ou à la tête	❑	❑	❑	❑
De pleurer facilement	❑	❑	❑	❑
De te fâcher pour un rien	❑	❑	❑	❑
D'être anxieux(euse) et d'avoir de la difficulté à dormir	❑	❑	❑	❑
De manger beaucoup ou, au contraire, d'avoir peu d'appétit	❑	❑	❑	❑
D'oublier des objets, d'être distrait(e)	❑	❑	❑	❑

Total des points ❑

Moins de 20 points: Tu n'est pas vraiment stressé(e) actuellement.

Entre 20 et 60 points: Tu commences à éprouver certains symptômes de stress.

Plus de 60 points: Tu es présentement stressé(e). En regardant les questionnaires qui précèdent, tu peux identifier les sphères de ta vie où le stress est le plus grand.

Le stress est étroitement lié à la nouveauté, au changement et au processus d'adaptation. On se sent bien quand notre vie est stable et prévisible. Mais si les changements se produisent en trop grand nombre, cela crée de la tension même s'il s'agit d'événements positifs. Soulignons, d'autre part, qu'il est possible de se préparer au changement. Il est donc important que les parents sécurisent leurs jeunes en dédramatisant la situation et en les préparant à faire face aux divers changements qui se produisent.

<u>Mise en situation</u>

Vous devez déménager pour votre travail. Vous savez que votre jeune tient énormément à ses ami(e)s et à son milieu de vie.

Comment allez-vous préparer votre jeune à ce changement?

....

....

....

....

Prenez connaissance maintenant de quelques suggestions

- Parler longtemps à l'avance de ce déménagement avec votre jeune et accepter une première réaction émotive qui soit négative.

- Laisser passer du temps et revenir sur le sujet en soulignant que vous comprenez sa réaction.

- Donner et expliquer les raisons de cette décision de déménager.

- Regarder avec votre jeune les aménagements possibles qui pourraient atténuer les effets de ce déménagement (possibilité d'accueillir les ami(e)s dans la nouvelle maison, permission d'aller passer des fins de semaine chez les ami(e)s, possibilité d'avoir, dans le budget familial, un poste spécial pour les dépenses téléphoniques, etc.)

- Ne pas moraliser, car cela ne sert à rien: «Tu sais bien que je ne peux pas faire autrement! Tu n'es pas raisonnable!»

- Ne pas minimiser l'impact du déménagement: «Tu vas te faire de nouveaux ami(e)s! La maison va être plus grande et plus belle!»

- Ne pas faire preuve d'une autorité tranchante: «C'est comme ça et il faudra bien que tu t'y habitues!»

- Parler de votre projet avec les ami(e)s de votre jeune en sa présence et se montrer ouvert à leurs réactions.

Quels changements prévoyez-vous faire dans votre vie au cours des trois prochains mois?

....

....

....

Quels sont les changements qui peuvent avoir un impact sur votre jeune?

....

....

....

Trouvez des moyens pour préparer votre jeune à ces changements et notez-les.

....

....

....

Les parents évitent parfois de parler des changements à venir parce qu'ils craignent les réactions de leur jeune. Ils veulent éviter des conflits ou des réactions émotives intenses. Mais c'est le contraire qui se produit! Moins on parle de ces changements avec l'adolescent et plus il les perçoit comme étant injustes et négatifs. Il peut même en venir à les considérer comme des complots contre lui.

Lorsqu'un individu est stressé, il doit absolument trouver une façon de diminuer son stress. S'il ne le fait pas, il s'expose à être malade et à avoir des problèmes de comportement. Les parents, tout comme les adolescents, doivent découvrir leurs propres moyens de faire face au stress.

Voici quelques moyens que vous pouvez utiliser pour diminuer le stress.

- Se coucher pour relaxer
- Écouter de la musique
- Courir, faire du sport, dépenser de l'énergie
- Parler à quelqu'un en qui on a confiance
- Lire, écouter la télévision
- Prendre un bain chaud ou se faire masser

- Rêver
- Rire
- Faire du ménage, cuisiner
- Jardiner
- Écrire, peindre
- Faire une autre activité agréable

Énumérer d'autres moyens susceptibles de diminuer le stress.

....

....

....

Quels sont les moyens qui sont les plus efficaces dans votre cas?

....

....

....

Quels sont les moyens qu'utilise votre jeune pour diminuer son stress?

....

....

....

....

....

Saviez-vous que...

◆ Nous avons constaté que les garçons, à l'adolescence, ont plutôt tendance à s'activer physiquement pour diminuer leur stress. Il leur est plus facile de se détendre après une activité intense. Les filles, pour leur part, ont plutôt tendance à parler à leur meilleure amie pour se calmer. Garçons et filles semblent trouver dans la musique un bon moyen pour échapper aux tensions quotidiennes; malheureusement, cette musique est souvent une source de stress pour les parents!

Échangez maintenant avec votre jeune sur vos réactions respectives face au stress et sur les moyens que vous prenez pour vous détendre.

Rappelez-vous!

◆ Il faut d'abord avoir confiance en soi comme parent avant d'être capable de faire confiance à son adolescent.

◆ La confiance se construit dans l'action. Quand on protège trop un jeune, on le dévalorise et on l'empêche de trouver des façons personnelles de s'adapter aux situations. Quand on lui laisse une entière liberté, on lui fait vivre un état d'insécurité et on le pousse à tester nos limites.

◆ La discipline qu'on appelle démocratique établit des règles en tenant compte de chacun des membres de la famille. Elle est basée sur la communication, sur la négociation et sur une fermeté chaleureuse. Le jeune qui connaît les limites de ses parents et qui se rend compte qu'on prend le temps de le consulter vraiment a une meilleure estime de soi.

◆ Le stress fait partie de la vie. Mais s'il y en a trop ou s'il est trop intense, cela nuit au sentiment de sécurité intérieure. Ni les parents ni les adolescents ne peuvent vivre longtemps avec un grand stress sans devenir négatifs envers eux-mêmes et les autres. Il est important de reconnaître les causes et les symptômes du stress, et de découvrir les meilleurs moyens pour retrouver la paix intérieure.

Auto-évaluation

(✓cochez dans les cases de votre choix)

	Toujours	Souvent	Parfois	Rarement
Est-ce que je suis un parent fiable?	❏	❏	❏	❏
Est-ce que je fais confiance à mon ado?	❏	❏	❏	❏
Est-ce que je crois en ses capacités?	❏	❏	❏	❏
Est-ce que je lui permets d'être différent(e) de moi?	❏	❏	❏	❏
Est-ce que je tiens compte de son opinion?	❏	❏	❏	❏
Est-ce que mon ado participe à l'élaboration des règles familiales?	❏	❏	❏	❏
Est-ce que les règles familiales sont claires et concrètes?	❏	❏	❏	❏
Est-ce que les règles familiales tiennent compte de chacun des membres de la famille?	❏	❏	❏	❏
Est-ce que j'aide mon ado à reconnaître les symptômes du stress?	❏	❏	❏	❏
Est-ce que je l'aide à trouver des façons de réduire ce stress?	❏	❏	❏	❏

Si vous répondez *parfois* ou *rarement* à plusieurs de ces questions, cherchez, parmi les exercices des pages précédentes, ceux qui pourraient vous aider à améliorer votre relation avec votre jeune.

Attitudes à maintenir ....
....

Attitudes à développer ....
....

Exercices choisis ....
....
....

Chapitre 2
AIDER L'ADOLESCENT À SE CONNAÎTRE

Johanne Duquette, secondaire 2

INTRODUCTION

Grâce à l'acquisition d'une nouvelle structure intellectuelle qu'on appelle la pensée formelle, l'adolescent, vers 14 ans, devient capable de réfléchir de façon abstraite, de faire de nouveaux liens logiques et de prendre du recul face aux réalités concrètes. Bref, il devient capable de philosopher et d'inventer des rêves et des projets qui nous semblent parfois bien irréalistes.

Les parents ont parfois de la peine à croire en la capacité de raisonnement de leurs jeunes. En effet, ceux-ci sont rarement expansifs avec leurs parents et, règle générale, communiquent difficilement avec eux. Cette difficulté à communiquer provient du fait que les jeunes, en même temps qu'ils acquièrent de nouvelles capacités mentales, entrent dans une période de la vie au cours de laquelle ils doivent absolument se séparer de leurs parents, s'affirmer et devenir autonome. Les parents qui comprennent ces besoins fondamentaux ont plus de facilité à faire le deuil de l'enfance, et ils voient avec fierté leurs adolescents prendre leur envol.

Il est normal de s'inquiéter de la témérité de l'adolescent. Mais cette inquiétude, si elle se traduit par une volonté de trop le protéger ou de le contrôler de façon excessive, ne fait que le pousser davantage au silence ou à la révolte. Malgré ses airs indépendants, l'adolescent a besoin d'amour, d'écoute, de compréhension et de respect. Toutefois, ces besoins ne peuvent plus être comblés de la même façon qu'auparavant et il faut trouver les mots justes et les bons gestes. Voilà un beau défi pour les parents!

Que faire pour qu'un jeune ait une bonne estime de soi? Il importe avant tout que les deux parents le reconnaissent comme il est, avec ses forces et ses limites personnelles, et respectent ce qu'il est. Cela n'empêche pas les parents d'avoir des attentes par rapport à leur adolescent; mais ces attentes doivent tenir compte de la nouvelle personne qui se tient devant eux. Cette personne cherche à se définir, elle le fait souvent avec maladresse, mais toujours avec la formidable énergie de la jeunesse.

A. L'ADOLESCENT A BESOIN D'ÊTRE AIMÉ, APPRÉCIÉ, ÉCOUTÉ ET COMPRIS

Aimer et le dire

Votre petite fille était douce et docile, enjouée et très ouverte. Un beau matin, vous vous trouvez face à une jeune fille qui répond par «non» à vos demandes, qui a des sautes d'humeur et qui vous cache ses petits secrets. Bien sûr, vous l'aimez cette adolescente! Mais il y a des jours où, pour entretenir votre amour, vous pensez avec nostalgie à votre petite fille d'autrefois.

En complétant les phrases suivantes, donnez les raisons pour lesquelles vous aimez votre jeune.

Ce que j'aime le plus chez ma fille ou chez mon garçon!

Elle est belle comme _____   Il est beau comme _____

Elle est habile à _____   Il est habile à _____

Elle est si intelligente quand _____   Il est si intelligent quand _____

Elle est si_____ avec les autres.   Il est si_____ avec les autres.

Elle est surtout_____   Il est surtout _____

Elle est si gentille quand _____   Il est si gentil quand _____

Son (sa) _____ m'impressionne.   Son (sa)_____ m'impressionne.

Finalement, je l'aime surtout pour _____   Finalement, je l'aime surtout pour_____

Lorsque vous pensez à votre jeune, quelles sont les facettes de sa personnalité que vous aimez et qui étaient déjà présentes dans son enfance?

....

....

....

Pourquoi aimez-vous ces traits de personnalité?

....

....

48

Quelles sont les nouvelles facettes de sa personnalité que vous appréciez et aimez?

....

....

....

Pourquoi ?

....

....

Quelles sont les nouvelles facettes de sa personnalité que vous n'aimez pas?

....

....

....

Pourquoi?

....

....

Aujourd'hui, prenez un moment pour dire à votre jeune ce que vous aimez en lui. Dites-lui, par exemple, que vous aimez l'entendre rire!

Trouvez cinq (5) façons d'exprimer votre amour à votre jeune.

1- ....

2- ....

3- ....

4- ....

5- ....

Dans les prochaines semaines, manifestez-lui votre amour en ayant recours à ces cinq (5) façons que vous venez de noter.

Comment votre jeune réagit-il à vos manifestations d'amour?

....

....

Quelles sont, selon vous, les façons les plus efficaces de lui exprimer votre amour?

....

....

....

....

Saviez-vous que...

◆ Les adolescents ressentent le besoin de mettre une distance physique entre eux et leurs parents parce que la puberté donne un caractère sexuel aux rapports humains et fait remonter les fantasmes œdipiens. Les «petits mots d'amour» peuvent encore avoir leur place quand on est en famille, mais jamais devant les amis! Les parents doivent trouver de nouveaux moyens pour exprimer leur affection à leur jeune.

Il est difficile pour les parents de faire le deuil de l'enfance et de renoncer à une certaine forme d'intimité avec leurs enfants. Mais il faut le faire et découvrir de nouvelles manières de manifester son amour parce que les adolescents ont toujours besoin de se sentir aimés.

De quelle façon montriez-vous votre amour à votre garçon ou à votre fille avant l'adolescence? Quels étaient vos comportements?

....

....

....

Quels sont les comportements que vous avez mis de côté depuis que l'enfant est devenu adolescent?

....

....

....

Quels sont les nouveaux comportements qui ont remplacé les anciens?

....

....

....

Apprécier et le dire

Aimer est un élan du cœur, apprécier est davantage un mouvement de tête. On peut apprécier les comportements de quelqu'un qu'on aime, mais aussi d'une personne qu'on n'aime pas ou peu! Pensons, à titre d'exemple, à l'adolescent du nouveau conjoint ou de la nouvelle conjointe avec lequel on n'a pas nécessairement de relations intimes, mais dont on peut apprécier certains comportements ou certains traits de personnalité. C'est une bonne façon de commencer à établir une relation positive avec un autre que d'accepter de l'observer et de marquer ouvertement son appréciation.

Complétez les phrases suivantes en pensant à votre ado ou à l'ado de votre conjoint(e).

Je l'observe et je découvre que ce que j'apprécie le plus c'est:

Sa façon de ....

Son attitude face à ....

Son sens de ....

Sa sensibilité face à ....

Sa bonne volonté quand ....

Autre ....

Voici quelles sont les façons de lui faire connaître mon appréciation.

....

....

....

Choisissez-en une et faites-en l'essai maintenant.

Quelle est la réaction de l'ado face à votre façon de lui faire savoir que vous l'appréciez?

....

....

Demandez maintenant à l'ado de remplir le questionnaire suivant et, par la suite, discutez-en ensemble.

Je suis certain(e) de l'amour de ma mère parce que

....

Je suis certain(e) de l'amour de mon père parce que

....

Ce que ma mère aime surtout en moi c'est

....

Ce que mon père aime surtout en moi c'est

....

Pour me faire aimer de mes parents, je dois

....

Ma mère me montre qu'elle m'aime de trois (3) façons.

1- ....

2- ....

3- ....

Mon père me montre qu'il m'aime de trois (3) façons.

1- ....

2- ....

3- ....

De toutes ces façons, celle que je préfère, c'est

....

Voici comment je montre à mes parents que je les aime.

1- ....

2- ....

3- ....

Savoir écouter

Saviez-vous que...

◆ Les adolescents ne sont pas, en règle générale, très loquaces et très communicatifs. Il faut comprendre que leur univers est de plus en plus centré sur les relations amicales et amoureuses. Ils ont besoin de leur intimité, de leurs secrets, de leurs rituels (vêtements, styles de coiffure, etc.) comme d'avoir leur jargon bien à eux. Les parents, à trop vouloir dialoguer, les font fuir! Mais ceux qui renoncent à communiquer perdent le contact avec les jeunes!

À quel moment vous est-il possible de parler avec votre jeune?
(✓ cochez dans les cases de votre choix)

❏ Le matin avant le départ pour l'école   ❏ La fin de semaine

❏ À l'heure des repas   ❏ Autre

❏ En soirée

53

Quelles occasions pouvez-vous provoquer pour faciliter le dialogue avec votre jeune?

....

....

....

Ressentez-vous parfois le besoin de parler avec votre jeune?

....

Quand cela se produit-il surtout?

....

....

Parmi les quatre (4) situations suivantes, choisissez celle qui serait pour vous la plus propice à la communication.

1- François regarde le canal de télévision «Musique Plus» depuis une bonne demi-heure. Il grignote en attendant le téléphone d'un de ses amis.

2- Martine cherche désespérément quelque chose à mettre pour sa sortie du samedi soir. Elle déplace beaucoup d'air autour d'elle.

3- Louis-Philippe a loué deux films pour la soirée et il s'apprête à regarder le premier.

4- Marie-Hélène flâne en pyjama un dimanche matin et essaie différentes coiffures devant le miroir.

Je choisis la situation qui porte le numéro ☐

En quoi, selon vous, chacune de ces situations est-elle propice au dialogue?

La première: ....

La deuxième: ....

La troisième: ....

La quatrième: ....

Visualisez maintenant la situation que vous avez choisie et demandez-vous quelle serait la meilleure stratégie pour entrer en contact avec votre jeune.

- Vous installer tout près et attendre que votre jeune réagisse

- Faire une farce

- Passer un commentaire général qui concerne votre jeune

- Vous intéresser à ce que votre jeune est en train de faire

- Lui dire que vous aimeriez lui parler

- Parler de vous, de votre journée, de vos projets

- Parler de votre jeune

- S'informer de ses projets, de ses ami(e)s

- Autre

De toutes ces stratégies d'approche, lesquelles choisissez-vous habituellement?

....

....

Ces approches sont-elles efficaces pour entrer en relation avec votre jeune?

....

....

Pourquoi?

....

....

....

Saviez-vous que...

◆ Une bonne façon de communiquer consiste à s'intéresser sincèrement à ce que l'autre a à nous dire, sans le juger, sans le critiquer et sans argumenter.

Exercez-vous à écouter votre jeune en vous montrant intéressé à ce qu'il fait, regarde ou écoute au moment où vous l'abordez. Ne passez pas de commentaires! Contentez-vous d'abord d'écouter. Puis, dans un deuxième temps, parlez de vous, de vos propres goûts, de vos intérêts et de vos sentiments.

Pour illustrer cette façon de communiquer, imaginons la scène suivante qui comporte de multiples possibilités.

(Louis-Philippe a loué deux films et il s'apprête à regarder le premier pendant que son père s'approche de lui)

Père: As-tu loué plusieurs films?

Louis-Philippe: Deux!

Père: (il pose une question ou fait un commentaire tout en laissant largement le temps à son fils de répondre ou de réagir)

C'est quoi les titres?

Ah bon, c'est ton genre ces trucs-là!

En as-tu entendu parler?

Tes amis les ont-ils vus?

Quelqu'un m'a dit que c'était bon, ce film-là!

Lequel te semble le plus intéressant?

On dirait que tu aimes les films d'horreur?

Qu'est-ce que tu aimes là-dedans?

Louis-Philippe: Martin m'a dit que c'était «hot»!

Je pense que le premier est le meilleur.

Les films d'horreur, c'est ce que je préfère!

Père: Comme ça, tu aimes... !

Ça m'intéresse, parlons-en un peu plus!

Penses-tu que je pourrais en regarder un bout avec toi?

Louis-Philippe: P'pa, t'aimerais pas ça!

Moi, je regarde surtout des films comme ça. J'ai vu... la semaine passée chez Amélie.

Père: Moi, je préfère les films d'aventure!

À ton âge, j'allais toutes les semaines au cinéma! Je te comprends!

Ça ne t'aurait pas tenté d'inviter tes amis à voir le film?

Etc.

L'important, c'est que le contact soit bon et agréable, non moralisateur et non provocant. En s'exerçant à dialoguer sur des choses anodines, il devient plus facile d'aborder par la suite avec votre jeune des sujets plus personnels.

Lorsqu'on a le sentiment d'être écouté réellement, on se sent important et cela a un impact direct sur notre estime de soi.

Demandez à votre jeune s'il aime que vous trouviez du temps pour lui parler.

Demandez-lui à quel moment il préfère être abordé.

Demandez-lui de choisir, parmi les moyens suggérés précédemment, ceux qu'il préfère que vous preniez.

Se sentir compris

Être compris: cela veut dire nécessairement être reconnu dans ses sentiments, dans ses goûts, dans ses désirs et dans ses idées. C'est bien davantage qu'être écouté!

LES SENTIMENTS

Demandez à votre ado de colorier le cercle dessiné ci-dessous en utilisant du rouge (colère), du bleu (joie), du blanc (paix intérieure), du noir (tristesse) et du jaune (peur). On peut penser, par exemple, que l'ado qui a beaucoup d'agressivité utilisera surtout le rouge pour colorier le cercle. Si votre jeune éprouve également de la joie, son coloriage comprendra aussi du bleu.

Regardez maintenant ensemble le coloriage que votre jeune a fait et prenez connaissance des sentiments exprimés sans porter de jugement.

Sur une autre feuille, faites le même exercice et montrez le résultat à votre jeune. Comparez vos dessins et parlez des sentiments qui y apparaissent!

LES GOÛTS

Votre jeune a des goûts qui lui sont propres. Il est important de les connaître et, lorsque c'est fait, d'adopter un comportement approprié. Par exemple, vous n'avez pas à faire semblant d'aimer ses cheveux rouges! Mais vous ne pouvez pas non plus critiquer et ridiculiser votre jeune qui aime avoir les cheveux de cette couleur-là. La recherche de l'identité passe parfois par l'originalité ou la marginalité. Vous avez à être sincère avec votre ado, mais jamais à faire preuve d'irrespect!

Demandez à votre jeune de compléter les phrases suivantes.

Ce que j'aime le plus manger c'est ....

....

Mes vêtements préférés sont ....

....

....

.... sont les activités physiques que je préfère.

.... sont les activités de loisir que je préfère.

Mon groupe préféré de musique c'est ....

....

Avec mes ami(e)s, j'aime ....

....

Avec mes frères et sœurs, j'aime ....

....

Ma matière préférée à l'école c'est ....

....

Dans mes temps libres, j'aime surtout ....

....

Mon chanteur et ma chanteuse préférés sont ....

....

Mes films préférés sont des films de ....

....

Mon émission de télévision préférée c'est ....

....

J'ai d'autres goûts comme ....

....

....

LES DÉSIRS

À l'occasion d'une rencontre familiale, faites un «brassage» d'idées sur les trois (3) thèmes suivants:

1- Si l'un d'entre nous gagnait à la loterie!

2- Est-il préférable d'être riche, d'être célèbre ou d'être génial?

3- Quel est le plus cher désir de chacun?

LES IDÉES

L'adolescence est une période au cours de laquelle les débats d'idées sont importants.

Dans votre famille, y a-t-il des moments où vous discutez d'idées, d'opinions et de points de vue?

....

Si oui, est-ce que votre jeune participe à la discussion?

....

A-t-il vraiment la possibilité de le faire ?

....

L'encouragez-vous à le faire?

....

Comment pourriez-vous l'inciter davantage à discuter?

....

....

Quelles sont vos attitudes pendant la discussion?
(✓ cochez dans les cases de votre choix)

Je suis l'adulte et je connais cela mieux que mon ado ❏

Je ne veux pas en discuter parce que j'ai peur que le climat s'envenime ❏

J'ai du plaisir à susciter les débats ❏

Je peux reconnaître que mon ado a parfois raison ❏

Je trouve mon ado trop idéaliste et ça me fâche! ❏

Je trouve mon ado très intelligent(e) et ça me réconforte! ❏

Je sens qu'on me manque de respect quand on conteste mes idées ❏

Je démissionne rapidement et j'abandonne la discussion ❏

Autre ❏

Situez-vous sur les échelles suivantes et demandez à votre jeune de le faire également. Puis, comparez les résultats.

Ce que je pense des études

|_____|_____|

Pas du tout important Moyennement important Très important

Ce que je pense de la guerre

|_____|_____|

Pas du tout acceptable Moyennement acceptable Nécessaire

Ce que je pense de la religion

|_____|_____|

Inutile Moyennement utile Très utile

Ce que je pense de l'amour

|_____|_____|

Un sentiment impossible Un sentiment complexe Un sentiment merveilleux

Ce que je pense de la famille

|_____|_____|

Relations difficiles   Relations intéressantes   Relations positives et importantes

À partir de ces données, essayez de discuter de vos idées respectives en respectant celles de l'autre et en essayant de comprendre son point de vue.

B. L'ADOLESCENT A BESOIN DE SE SÉPARER, DE S'AFFIRMER ET DE DEVENIR AUTONOME

Saviez-vous que...

◆ Avant que l'adolescent puisse consolider son identité, il lui faut passer par des stades de malaises et d'existence fragmentée, des tentatives d'opposition, de rébellion et de résistance, des phases d'expérimentation, de mise à l'épreuve de soi par la pratique de l'excès, et tout cela a son utilité positive dans le processus d'auto-définition.

Peter Blos

L'adolescent a besoin de se séparer de ses parents

L'alternance d'affirmations d'indépendance provocatrices avec des demandes d'aide infantiles marque souvent le processus qui mène votre adolescent à son autonomie par rapport à vous.

PORTRAIT DE MON ADOLESCENT(E)

(✓cochez dans les cases de votre choix)

	Jamais	Parfois	Souvent	Toujours
1- Confronte agressivement	❏	❏	❏	❏
2- Cherche à plaire et à être bien perçu(e)	❏	❏	❏	❏
3- Cherche à séduire pour obtenir ce qu'il ou elle désire	❏	❏	❏	❏
4- Recherche la complicité relationnelle	❏	❏	❏	❏
5- Provoque les conflits	❏	❏	❏	❏
6- Obéit très facilement	❏	❏	❏	❏
7- Minimise les effets négatifs des conflits	❏	❏	❏	❏
8- Cherche à négocier les conflits	❏	❏	❏	❏

	Jamais	Parfois	Souvent	Toujours
9- Coupe la relation affective ou la fuit	❏	❏	❏	❏
10- Recherche la proximité affective	❏	❏	❏	❏
11- S'excuse pour ne pas perdre une permission ou un gain matériel	❏	❏	❏	❏
12- Cherche à partager son univers émotif	❏	❏	❏	❏
13- Exprime impulsivement ses besoins personnels	❏	❏	❏	❏
14- Identifie difficilement ses besoins personnels	❏	❏	❏	❏
15- Exprime ses besoins personnels de façon plutôt détournée	❏	❏	❏	❏
16- Identifie et exprime clairement ses besoins personnels	❏	❏	❏	❏
17- Est incapable de tolérer un délai entre l'expression de son désir et la réponse	❏	❏	❏	❏
18- Accepte que les attentes de ses parents prédominent sur ses besoins personnels	❏	❏	❏	❏
19- Est incapable de tolérer la frustration	❏	❏	❏	❏
20- Contrôle son univers émotif de façon rigide	❏	❏	❏	❏
21- Utilise la logique dans toutes ses relations avec les autres	❏	❏	❏	❏
22- Exprime facilement son univers intérieur	❏	❏	❏	❏
23- Se met fréquemment en colère	❏	❏	❏	❏
24- Boude durant de longues périodes	❏	❏	❏	❏
25- Calcule sa distance émotive selon ce qu'il ou elle veut obtenir	❏	❏	❏	❏
26- Communique librement ses expériences personnelles (sexe, drogue, etc.)	❏	❏	❏	❏
27- Préfère la présence de ses ami(e)s (gang)	❏	❏	❏	❏
28- Préfère la présence de ses parents ou des adultes en général	❏	❏	❏	❏
29- Alterne ami(e)s et adultes selon ce qu'il ou elle veut obtenir	❏	❏	❏	❏
30- Est capable d'être à la fois en relation avec ses parents et avec ses ami(e)s	❏	❏	❏	❏
31- Transgresse systématiquement les règles	❏	❏	❏	❏
32- Se soumet très facilement aux règles	❏	❏	❏	❏
33- Utilise les règles à son avantage	❏	❏	❏	❏
34- Respecte les règles lorsqu'elles ont été négociées	❏	❏	❏	❏

	Jamais	Parfois	Souvent	Toujours
35- Pousse au rejet et à l'agressivité	❏	❏	❏	❏
36- Incite à une trop grande protection	❏	❏	❏	❏
37- Incite au doute, à la honte ou à la méfiance	❏	❏	❏	❏
38- Pousse à l'ouverture et à la confiance	❏	❏	❏	❏

En vous appuyant sur ce que vous venez de répondre, diriez-vous que votre jeune est plutôt:

Rebelle (cela correspond aux énoncés 1-5-9-13-17-19-20-23-27-31-35-37)

Si oui, quels sont ses comportements et ses attitudes qui illustrent le mieux son *désir irrésistible* de prendre ses distances par rapport à vous?

....

....

....

....

Dépendant (cela correspond aux énoncés 6-10-11-14-18-28-32-36)

Si oui, quels sont ses comportements et ses attitudes qui illustrent le mieux ses *craintes* de s'éloigner de vous et de gagner son indépendance?

....

....

....

....

Manipulateur (cela correspond aux énoncés 2-3-7-8-11-15-21-24-25-29-33-37)

Si oui, quels sont ses comportements et ses attitudes qui illustrent le mieux son *ambivalence* , c'est-à-dire sa dépendance en même temps que son autonomie par rapport à vous?

....

....

....

....

Autonome (cela correspond aux énoncés 4-12-16-22-26-30-34-38)

Si oui, quels sont ses comportements et ses attitudes qui illustrent le mieux sa capacité de se percevoir comme différent de vous tout en souhaitant vivre une relation positive avec vous?

....

....

....

....

Quelles sont les caractéristiques du portrait de votre jeune auxquelles vous attachez le plus d'importance?

....

....

....

....

Résumez, en une seule phrase, ce qui caractérise le mieux votre jeune.

....

....

Afin de vérifier vos perceptions, demandez à votre jeune de répondre à ce questionnaire et prenez le temps d'en discuter ensemble par la suite.

Saviez-vous que...

◆ Avec l'adolescence, on commence à abandonner progressivement la dépendance infantile en se libérant des dernières influences des parents et de l'entourage familial.

Certains parents craignent beaucoup de voir leur jeune prendre ses distances, afficher son style personnel et préférer ses amis à sa famille.

Qu'en est-il pour vous?

Je suis très inquiet(ète) à son sujet. (Pourquoi?)

....

....

....

J'ai peur que mon ado vive des expériences négatives. (Lesquelles?)

....

....

....

J'ai plutôt confiance que mon ado fasse les bons choix. (Lesquels?)

....

....

....

J'ai la conviction intime que mon ado sait bien prendre soin de lui ou d'elle. (Comment?)

....

....

....

L'adolescent a besoin de s'affirmer

Votre jeune a besoin, pour se développer harmonieusement, de votre amour et de votre compréhension ainsi que de votre «permission» de devenir de plus en plus indépendant. En d'autres mots, votre jeune éprouve le besoin de sentir que vous l'appuyez dans sa recherche d'affirmation personnelle et dans la découverte de sa propre identité.

Énumérez cinq (5) façons que choisit votre jeune pour affirmer son identité.

1-
....

2-
....

3-
....

4-
....

5-
....

MES ATTITUDES FACE À L'AFFIRMATION DE MON ADOLESCENT(E)

Situez-vous par rapport aux énoncés suivants.
(✓ cochez dans les cases de votre choix)

	M		P	
	Oui	Non	Oui	Non
1- J'ai tendance à vouloir contrôler ses allées et venues	☐	☐	☐	☐
2- Je m'assure constamment que mon ado prend ses responsabilités (à l'école et à la maison)	☐	☐	☐	☐
3- Je lui répète fréquemment les règles, les consignes et les façons de faire de la famille	☐	☐	☐	☐
4- Je lui laisse prendre ses responsabilités à sa façon	☐	☐	☐	☐
5- Je l'encourage à participer et à partager les tâches domestiques	☐	☐	☐	☐
6- Je veux que mon ado exprime ouvertement ses points de vue, ses différences et ses goûts	☐	☐	☐	☐
7- J'exerce un contrôle sur ses fréquentations et sur les endroits où mon ado se tient	☐	☐	☐	☐
8- Je vérifie fréquemment son comportement à l'école (à l'égard des enseignant(e)s et des pairs)	☐	☐	☐	☐
9- J'ai de la difficulté à laisser mon ado se coiffer et s'habiller à sa guise	☐	☐	☐	☐

	M		P	
	Oui	Non	Oui	Non

10- J'ai tendance à imposer mes solutions lorsque nous sommes en conflit l'un(e) avec l'autre ☐ ☐ ☐ ☐

11- Je m'inquiète lorsque je ne sais pas où se trouve mon ado ni ce qu'il ou elle est en train de faire ☐ ☐ ☐ ☐

12- J'ai confiance dans sa capacité d'organiser sa vie de façon harmonieuse ☐ ☐ ☐ ☐

13- Je lui dis quelquefois: «Choisis et décide toi-même, tu en es capable!» ☐ ☐ ☐ ☐

14- Je vais immédiatement à l'école lorsque mon ado y vit des difficultés ou des conflits personnels ☐ ☐ ☐ ☐

15- Je suis plus autoritaire à son égard que la majorité des autres parents ☐ ☐ ☐ ☐

16- Je suis plus compréhensif(ive) à son égard que la majorité des autres parents ☐ ☐ ☐ ☐

17- J'achète la paix avec mon ado parce que je n'ai pas envie de vivre des conflits douloureux ☐ ☐ ☐ ☐

18- Je laisse mon ado faire ce qu'il ou elle veut, car mon rôle de parent est terminé ☐ ☐ ☐ ☐

19- J'ai de la difficulté à laisser mon ado organiser sa chambre à sa façon ☐ ☐ ☐ ☐

20- Je suis incapable de tolérer que mon ado soit en tête à tête avec une personne de l'autre sexe (dans sa chambre ou au sous-sol) ☐ ☐ ☐ ☐

Maintenant que vous avez complété ce questionnaire, revoyez l'ensemble de vos réponses.

À partir de vos réponses aux énoncés précédents, vous considérez-vous comme un parent qui favorise:

La soumission (cela correspond aux énoncés 1-7-8-11-14-16-20)

Si oui, par quelles attitudes?

La conformité extérieure (cela correspond aux énoncés 3-7-9-10-15-17-19)

Si oui, par quelles attitudes?

....

....

....

L'affirmation de soi (cela correspond aux énoncés 2-4-5-6-12-13)

Si oui, par quelles attitudes?

....

....

....

Comment pourriez-vous, comme père et comme mère, favoriser et appuyer davantage l'affirmation positive de votre jeune?

....

....

....

....

L'adolescent est généralement attiré par des personnes qui l'aident et qui sont empathiques, c'est-à-dire qu'il sent capables de se mettre à sa place. Il s'identifie et imite ceux qu'il admire et respecte. La source de l'identification réside dans la perception que l'adolescent a d'une similarité qui existe entre lui et la personne admirée. L'adolescent désire s'identifier à cette personne d'autant plus qu'il se perçoit capable de lui ressembler.

Après avoir complété les exercices précédents, discutez avec votre jeune des découvertes que cela vous a amené à faire. Proposez-lui également d'effectuer l'exercice suivant.

MES PARENTS FAVORISENT-ILS MON AFFIRMATION PERSONNELLE?

	M Oui	M Non	P Oui	P Non
Mes parents me laissent me vêtir comme je le souhaite	☐	☐	☐	☐
Ils me laissent me coiffer comme je le veux	☐	☐	☐	☐
Ils me laissent fréquenter les ami(e)s que je désire	☐	☐	☐	☐
Ils me laissent être aussi libre que je le désire	☐	☐	☐	☐
Ils ont tendance à vouloir contrôler mes choix et ma vie	☐	☐	☐	☐
Ils communiquent avec moi de façon chaleureuse et pacifique	☐	☐	☐	☐
Ils ne me supportent pas financièrement autant que je le souhaiterais	☐	☐	☐	☐
Ils me laissent vivre toutes les activités que j'apprécie	☐	☐	☐	☐
Ils sont froids et distants à mon égard	☐	☐	☐	☐
Ils s'intéressent à ce que je vis chaque jour	☐	☐	☐	☐
Ils font des efforts pour me comprendre	☐	☐	☐	☐
Ils se comportent de façon telle que je peux me confier à eux sans crainte d'être jugé(e) ou dénigré(e)	☐	☐	☐	☐
Ils se comportent de façon telle que je peux facilement leur exprimer mon affection	☐	☐	☐	☐
Ils me laissent généralement décider	☐	☐	☐	☐
Ils ont tendance à être inquiets à mon sujet	☐	☐	☐	☐
Ils agissent comme si j'étais encore leur « petit enfant»	☐	☐	☐	☐
Ils ont tendance à empiéter sur ma vie privée (se mêler de mes affaires)	☐	☐	☐	☐
Il m'est possible de partager et de discuter avec eux de toutes mes expériences	☐	☐	☐	☐

	M		P	
	Oui	Non	Oui	Non
Ils ne semblent pas savoir ni vouloir comprendre qui je suis, ce que je veux et ce que je fais	❏	❏	❏	❏
Ils m'estiment et m'apprécient	❏	❏	❏	❏
Ils ont tendance à trop me protéger et à vouloir faire les choses à ma place	❏	❏	❏	❏
Ils me font sentir que ma présence est désirée dans la famille	❏	❏	❏	❏
Ils me font savoir que je peux compter sur eux lorsque j'ai des problèmes et des difficultés personnelles	❏	❏	❏	❏
Ils m'obligent à lutter constamment pour mon indépendance	❏	❏	❏	❏
Ils ont tendance à croire que je suis incapable de me débrouiller sans eux	❏	❏	❏	❏
Ils m'encouragent et me félicitent fréquemment	❏	❏	❏	❏

Après avoir complété cet exercice, partage tes perceptions avec tes parents. Puis, réponds aux questions suivantes.

Y a-t-il des similitudes entre vos perceptions respectives?

Peu ❏ Moyennement ❏ Beaucoup ❏

Quelles sont les perceptions que vous avez en commun?

....

....

....

Y a-t-il des différences importantes entre vos perceptions?

Peu ❏ Moyennement ❏ Beaucoup ❏

Quelles sont les perceptions qui sont contradictoires?

....

....

....

Essayez de formuler conjointement (parents et jeune) une nouvelle façon de vivre ensemble, une façon qui soit plus harmonieuse et plus respectueuse de l'originalité et de l'autonomie de chacun?

....

....

....

Saviez-vous que...

◆ Communiquer, c'est faire en sorte que le message passe. Que ce message soit non seulement reçu, mais qu'il soit aussi compris. La communication comporte deux attitudes fondamentales: savoir écouter attentivement et savoir s'exprimer ouvertement. Quelquefois, le fossé qui sépare parents et adolescents n'est fait que d'une barrière de langage que la communication quotidienne parvient à éliminer.

L'adolescent a besoin d'être autonome

Saviez-vous que...

Être autonome, c'est:

◆ prendre le temps de se demander ce qui est important pour soi;

◆ être en mesure d'articuler et de soutenir son opinion (dire oui ou dire non selon sa propre vision intérieure);

◆ exprimer ouvertement ce que l'on ressent (ses pensées, ses émotions, ses besoins, ses choix, ses décisions, etc.);

◆ affirmer ses limites (se faire respecter, refuser une impolitesse, une parole blessante, etc.);

◆ révéler ce que je veux tout en prenant en considération ce que l'autre désire, ressent ou pense).

SUIS-JE UN(E) ADULTE AUTONOME?

Dans un premier temps, faites l'exercice individuellement, puis échangez avec votre partenaire.

(✓cochez dans les cases de votre choix)

	Rarement (1 pt)		Assez souvent (5 pts)		La plupart du temps (10 pts)	
	M	P	M	P	M	P
J'ai une vision positive et constructive de mon existence	☐	☐	☐	☐	☐	☐
J'ai une bonne estime de moi-même	☐	☐	☐	☐	☐	☐
Je suis capable de m'autodéterminer	☐	☐	☐	☐	☐	☐
Je suis capable de gérer adéquatement mon stress, mon anxiété et mes moments d'angoisse	☐	☐	☐	☐	☐	☐
Je choisis les moyens appropriés pour me faire une existence harmonieuse	☐	☐	☐	☐	☐	☐

	Rarement (1 pt)		Assez souvent (5 pts)		La plupart du temps (10 pts)	
	M	P	M	P	M	P
Je suis capable d'élaborer des projets d'avenir concrets et réalistes	☐	☐	☐	☐	☐	☐
Je suis capable de goûter les joies de l'instant présent	☐	☐	☐	☐	☐	☐
Je prend grand soin de ma santé physique	☐	☐	☐	☐	☐	☐
Je suis capable d'innovation et de créativité (dans mes relations et dans mon travail)	☐	☐	☐	☐	☐	☐
Je suis capable d'atteindre les objectifs et les buts que je me fixe	☐	☐	☐	☐	☐	☐
Je suis capable de prendre des initiatives personnelles (relationnelles, familiales et professionnelles)	☐	☐	☐	☐	☐	☐

Total des points ☐

De 70 à 110 points: Vous êtes une personne autonome. Vous vous faites confiance et vous éprouvez de l'estime et de la fierté envers vous-même. Continuez d'être attentif(ive) à vos besoins physiques et psychologiques!

De 30 à 70 points: Vous cherchez à vous affirmer et à être autonome. Mais vous vous demandez parfois s'il vaut mieux satisfaire vos propres besoins ou répondre aux attentes des autres. Vous craignez d'être égoïste ou vous avez peur de soutenir vos points de vue. Soyez plus ferme, vous y gagnerez le respect!

Moins de 30 points: Il vous semble bien difficile de prendre votre place, de vous affirmer et d'être autonome. Vous tenez trop compte des besoins et des attentes des autres et cela vous empêche d'actualiser votre potentiel personnel. Prenez davantage soin de vous et de votre existence! La vie sera alors beaucoup moins déprimante.

Un environnement familial chaleureux, organisé et ouvert aide l'adolescent à accéder au statut d'adulte autonome, équilibré et satisfait de son existence.

Dans un premier temps, faites l'exercice individuellement, puis échangez avec votre partenaire.
(✓ cochez dans les cases de votre choix)

Mon ado...	Un peu		Moyennement		Beaucoup	
	M	P	M	P	M	P
Est fier(ère) de son apparence physique	☐	☐	☐	☐	☐	☐
Est fier(ère) de son rendement physique dans les activités sportives	☐	☐	☐	☐	☐	☐
Envisage les situations nouvelles avec confiance	☐	☐	☐	☐	☐	☐
Est capable de maîtrise de soi en situation de conflit	☐	☐	☐	☐	☐	☐
Est capable de s'autodiscipliner	☐	☐	☐	☐	☐	☐
Est capable de s'auto-évaluer	☐	☐	☐	☐	☐	☐
Est fier(ère) de ses résultats scolaires	☐	☐	☐	☐	☐	☐
Se reconnaît des habiletés et des talents	☐	☐	☐	☐	☐	☐
Se reconnaît des vulnérabilités et des zones sensibles	☐	☐	☐	☐	☐	☐
Est capable de se fixer des niveaux de performance réalistes	☐	☐	☐	☐	☐	☐
Est capable de reconnaître et d'apprécier le succès	☐	☐	☐	☐	☐	☐
Est capable d'établir des relations sociales de qualité	☐	☐	☐	☐	☐	☐
Possède les habiletés suffisantes pour se faire facilement des ami(e)s	☐	☐	☐	☐	☐	☐
Est curieux(euse) et réagit avec intérêt à la nouveauté	☐	☐	☐	☐	☐	☐
Est capable de prendre des risques calculés	☐	☐	☐	☐	☐	☐
Est capable d'anticiper les étapes menant au succès	☐	☐	☐	☐	☐	☐
Est capable de tolérer les délais imprévus	☐	☐	☐	☐	☐	☐
Est capable de tolérer les inévitables frustrations de la vie quotidienne	☐	☐	☐	☐	☐	☐
Est capable de s'adapter aux situations nouvelles (changements, nouvelles façons de faire, etc.)	☐	☐	☐	☐	☐	☐
Est capable de se motiver à nouveau après avoir vécu un échec ou un insuccès	☐	☐	☐	☐	☐	☐
Est capable d'agir seul(e)	☐	☐	☐	☐	☐	☐

	Un peu		Moyennement		Beaucoup	
	M	P	M	P	M	P
Est capable d'initiatives personnelles (dans les activités)	❏	❏	❏	❏	❏	❏
Est capable de faire confiance aux adultes (parents, enseignants, autres)	❏	❏	❏	❏	❏	❏
Est capable d'initiatives relationnelles (aller vers l'autre, créer le contact, etc.)	❏	❏	❏	❏	❏	❏
Est capable de vivre le contact visuel et le toucher physique (l'initier et l'accueillir)	❏	❏	❏	❏	❏	❏
Est capable d'exprimer ses émotions	❏	❏	❏	❏	❏	❏
Est capable d'articuler et de soutenir ses opinions	❏	❏	❏	❏	❏	❏
Est capable de comprendre le sens des règles (à la maison et à l'école)	❏	❏	❏	❏	❏	❏
Est capable d'établir ses propres règles de vie	❏	❏	❏	❏	❏	❏
Est capable de se détendre et de se calmer (sur le plan émotif et mentalement)	❏	❏	❏	❏	❏	❏
Est capable de prendre soin de sa santé physique	❏	❏	❏	❏	❏	❏

À la suite de cet exercice, nous constatons que nos perceptions en ce qui regarde l'autonomie de notre jeune sont:

Convergentes (Voici ces perceptions convergentes!)

....

....

....

....

Divergentes (Voici ces perceptions divergentes!)

....

....

....

....

Suggérez maintenant à votre jeune d'effectuer l'exercice précédent. Il n'a qu'à remplacer «Mon adolescent(e) est...» par «Je suis...». Partagez, par la suite, vos découvertes en prenant bien soin de ne pas vous juger ni vous dénigrer.

Il y a sûrement lieu de favoriser davantage l'autonomie de chacun. C'est donc le temps de trouver les objectifs et les moyens qui feront que chacun pourra vivre avec les autres, mais de façon plus autonome. Par exemple, on peut décider que l'objectif est de communiquer davantage et que le moyen d'y arriver consiste à y consacrer quinze (15) minutes par jour.

Père   Objectifs: - ....
                          - ....
                          - ....

             Moyens: - ....
                          - ....
                          - ....

Jeune   Objectifs: - ....
                          - ....
                          - ....

             Moyens: - ....
                          - ....
                          - ....

Mère   Objectifs: - ....
                          - ....
                          - ....

             Moyens: - ....
                          - ....
                          - ....

Après quelques semaines de pratique, évaluez ensemble les résultats de cette petite expérience. Vous aurez sûrement d'agréables surprises! L'autonomie est une compétence qui s'acquiert par la pratique quotidienne.

Saviez-vous que...

Construire mon autonomie, c'est:

◆ reconnaître mes forces, mes habiletés et mes capacités personnelles, et croire en elles;

◆ découvrir, nommer et répondre adéquatement à mes besoins;

◆ développer et apprécier mes compétences à trouver des solutions créatrices à mes problèmes personnels;

◆ prendre des décisions pour mon bien-être personnel et pas seulement vouloir faire plaisir aux autres;

◆ apprendre à m'aimer et à m'estimer;

◆ m'accorder le droit de refuser des demandes et de ne pas répondre aux attentes, aux désirs et aux souhaits des autres;

◆ reconnaître, nommer et accepter mes émotions;

◆ apprendre à me faire confiance dans l'action et dans mes relations;

◆ me faire respecter et respecter les autres;

◆ ressentir de la fierté à mon égard;

◆ reconnaître mes comportements et mes réalisations, et les valoriser.

◆ m'accorder le droit d'être différent et tolérer la différence chez les autres;

◆ être capable de prendre des décisions et des initiatives;

◆ être capable de réfléchir, d'agir et, finalement, d'évaluer les résultats de mes actions.

Hé 95

C. L'ADOLESCENT A BESOIN D'ÊTRE RECONNU ET RESPECTÉ POUR CE QU'IL EST

L'adolescence est la période de la vie qui se caractérise par la quête de l'identité personnelle. Au cours de cette phase, le jeune doit reconnaître et intérioriser une image réaliste de lui-même qui forme un tout unifié. Il a besoin de définir son style personnel conformément à ses forces et à ses vulnérabilités.

L'estime de soi est un processus de prise de conscience et de conservation d'un sentiment de valeur personnelle. Ce sentiment s'affirme malgré des difficultés et des vulnérabilités parce que celles-ci deviennent des obstacles à surmonter et des défis à relever. On voit ici qu'il est important que les parents accompagnent leur adolescent au cours de ce processus. Leur première tâche consiste à percevoir les caractéristiques personnelles de l'adolescent et à les reconnaître, c'est-à-dire à lui souligner fréquemment tant ses forces que ses vulnérabilités. L'adolescent a besoin d'être apprécié dans tout son être afin de pouvoir intérioriser une bonne estime de lui-même.

Les forces

Vérifiez votre connaissance des habiletés et des forces que votre jeune a intégrées tout le long de son développement.

(✓ cochez dans les cases de votre choix)

	Toujours (10 pts)	Souvent (7 pts)	Parfois (3 pts)	Rarement (0 pt)
Mon ado manifeste des habiletés physiques				
Dans des sports individuels	❑	❑	❑	❑
Dans des sports d'équipe	❑	❑	❑	❑
En danse	❑	❑	❑	❑
En gymnastique	❑	❑	❑	❑
En bricolage	❑	❑	❑	❑
Dans les tâches quotidiennes	❑	❑	❑	❑
Mon ado manifeste des habiletés intellectuelles				
Capacité d'analyse	❑	❑	❑	❑
Capacité de synthèse	❑	❑	❑	❑

	Toujours (10 pts)	Souvent (7 pts)	Parfois (3 pts)	Rarement (0 pt)
Capacité d'abstraction	❑	❑	❑	❑
Capacité de jugement pratique dans des situations quotidiennes	❑	❑	❑	❑
Planification et méthode de travail	❑	❑	❑	❑
Bonne mémoire	❑	❑	❑	❑
Bonne expression verbale	❑	❑	❑	❑
Capacité de généralisation	❑	❑	❑	❑

Mon ado manifeste des habiletés créatrices

	Toujours (10 pts)	Souvent (7 pts)	Parfois (3 pts)	Rarement (0 pt)
Dans son expression corporelle	❑	❑	❑	❑
Dans son expression verbale	❑	❑	❑	❑
Dans ses dessins	❑	❑	❑	❑
Dans ses bricolages	❑	❑	❑	❑
En musique	❑	❑	❑	❑

Mon ado manifeste des qualités relationnelles et sociales

	Toujours (10 pts)	Souvent (7 pts)	Parfois (3 pts)	Rarement (0 pt)
Capacité d'écoute	❑	❑	❑	❑
Capacité d'empathie (se mettre à la place de l'autre)	❑	❑	❑	❑
Capacité de coopérer	❑	❑	❑	❑
Capacité de se faire des ami(e)s	❑	❑	❑	❑
Fidélité dans ses amitiés	❑	❑	❑	❑
Générosité	❑	❑	❑	❑
Capacité d'exprimer ses idées	❑	❑	❑	❑
Capacité d'exprimer ses sentiments	❑	❑	❑	❑
Capacité de s'affirmer	❑	❑	❑	❑
Capacité de faire des choix	❑	❑	❑	❑
Capacité de demander	❑	❑	❑	❑
Capacité de respecter les figures d'autorité	❑	❑	❑	❑
Autre	❑	❑	❑	❑

Total des points ❑

De 220 à 320 points: Vous reconnaissez des forces à votre jeune dans tous les domaines. Pensez maintenant à les lui souligner.

De 150 à 220 points: Vous reconnaissez certaines forces à votre jeune, mais vous avez aussi conscience de ses difficultés. L'important, c'est que vous vous attardiez à ses forces pour pouvoir régler ses difficultés.

Moins de 150 pts: Vous avez de la difficulté à reconnaître des forces à votre jeune. Il importe que vous cherchiez avec lui une façon de l'aider.

Demandez à votre jeune de faire le même exercice en changeant «Mon ado manifeste» par «Je manifeste» et, par la suite, comparez vos résultats.

Expliquez tout écart de plus de 50 points entre vos résultats et ceux de votre jeune.

....

....

....

Donnez un exemple concret pour cinq (5) forces ou qualités que vous reconnaissez à votre jeune.

	Forces	Exemples concrets
1-	_____	_____
2-	_____	_____
3-	_____	_____
4-	_____	_____
5-	_____	_____

Est-ce que vous lui avez déjà fait part de ces forces ou qualités en vous référant à ces exemples concrets?

Oui ❑   Non ❑

(Sinon, c'est le temps de le faire!)

Est-ce que votre jeune est capable de donner un exemple concret pour chaque force ou chaque qualité qu'il se reconnaît?

Oui ❑   Non ❑

(Sinon, c'est le temps de l'inviter à compléter les phrases suivantes!)

Je suis agréable pour mes parents parce que ....

Ce que mes ami(e)s aiment beaucoup de moi, c'est ....

Je suis un bon frère ou une bonne sœur parce que ....

Je suis le ou la meilleur(e) dans (en) ....

À l'école, j'ai du talent dans (en) ....

J'ai confiance en moi dans (en) ....

Je me débrouille très bien dans (en) ....

Les vulnérabilités

L'estime de soi suppose aussi qu'on a conscience de ses difficultés et de ses vulnérabilités. Par contre, l'adolescent qui a une bonne estime de lui-même est tout aussi conscient qu'il possède les ressources pour les surmonter.

Vérifiez votre connaissance des difficultés et des vulnérabilités que votre jeune a intégrées tout le long de son développement.
(✓ cochez dans les cases de votre choix)

Mon ado est plutôt malhabile
dans ses activités physiques

	Toujours (10 pts)	Souvent (7 pts)	Parfois (3 pts)	Rarement (0 pt)
En motricité globale (sports, danse, etc.)	❏	❏	❏	❏
En motricité fine (dextérité manuelle, par exemple)	❏	❏	❏	❏
Dans les sports individuels	❏	❏	❏	❏
Dans les sports d'équipe	❏	❏	❏	❏
En danse	❏	❏	❏	❏
En gymnastique	❏	❏	❏	❏
En bricolage	❏	❏	❏	❏
Dans les tâches quotidiennes	❏	❏	❏	❏

Mon ado éprouve des difficultés
dans ses activités intellectuelles

	Toujours (10 pts)	Souvent (7 pts)	Parfois (3 pts)	Rarement (0 pt)
En analyse	❑	❑	❑	❑
En synthèse	❑	❑	❑	❑
En abstraction	❑	❑	❑	❑
De jugement pratique dans des situations quotidiennes	❑	❑	❑	❑
Dans la planification et la méthode de travail	❑	❑	❑	❑
De mémoire	❑	❑	❑	❑
Dans son expression verbale	❑	❑	❑	❑
Dans sa créativité	❑	❑	❑	❑
De généralisation	❑	❑	❑	❑

Mon ado manifeste des vulnérabilités
dans ses relations sociales

	Toujours (10 pts)	Souvent (7 pts)	Parfois (3 pts)	Rarement (0 pt)
Instabilité d'humeur	❑	❑	❑	❑
Agressivité	❑	❑	❑	❑
Anxiété	❑	❑	❑	❑
Tristesse	❑	❑	❑	❑
Peurs	❑	❑	❑	❑
Hypersensibilité	❑	❑	❑	❑
Opposition	❑	❑	❑	❑
Maladresse sociale	❑	❑	❑	❑
Manque de confiance	❑	❑	❑	❑
Provocation	❑	❑	❑	❑
Contrôle excessif	❑	❑	❑	❑
Tendance à l'isolement	❑	❑	❑	❑
Rejet du groupe	❑	❑	❑	❑
Instabilité dans ses amitiés	❑	❑	❑	❑

Total des points ❑

De 220 à 320 points: Votre jeune a un bon nombre de vulnérabilités. Est-ce que vous posez un jugement trop sévère à son endroit? Si oui, cherchez à prendre conscience de ses forces et à les actualiser.

De 150 à 220 points: Votre jeune éprouve quelques difficultés, mais vous ne vous y attardez pas trop. Vous lui reconnaissez des forces.

Moins de 150 pts: Vous considérez que votre jeune éprouve peu de difficultés. Continuez à souligner ses forces!

Demandez à votre jeune de faire le même exercice en changeant «Mon ado manifeste» par «Je manifeste» et, par la suite, comparez vos résultats.

Expliquez tout écart de plus de 50 points entre vos résultats et ceux de votre jeune.

....

....

....

Donnez un exemple concret pour cinq (5) vulnérabilités que vous reconnaissez à votre jeune.

Vulnérabilités   Exemples concrets

1- _____   _____

2- _____   _____

3- _____   _____

4- _____   _____

5- _____   _____

Est-ce que vous lui avez déjà fait part de ces vulnérabilités en vous référant à ces exemples concrets?

   Oui ❏   Non ❏   (Sinon, c'est le temps de le faire!)

Est-ce que votre jeune est capable de donner un exemple concret pour chaque vulnérabilité qu'il se reconnaît?

   Oui ❏   Non ❏   (Sinon, comment expliquez-vous ce phénomène?)

....

....

....

Considérez-vous que ses difficultés et ses vulnérabilités sont insurmontables?

Oui ❑   Non ❑   (Sinon, comment peut-il les surmonter?)

....

....

....

Est-ce que vous lui avez déjà suggéré des moyens ou des stratégies pour faire face à ses vulnérabilités et les surmonter?

Oui ❑   Non ❑   (Si oui, lesquels?)

....

....

....

Est-ce que votre jeune perçoit ses difficultés et vulnérabilités comme insurmontables?

Oui ❑   Non ❑

Sinon, quels sont les moyens ou les stratégies que votre jeune entend utiliser pour y faire face ou les surmonter?

....

....

....

Toute personne a des vulnérabilités. Il est important de faire comprendre cette réalité à votre adolescent et de l'aider également à voir ces vulnérabilités comme des obstacles à surmonter et des défis à relever. La tâche sera plus facile si vous lui faites part des difficultés que vous avez rencontrées vous-même ainsi que des vulnérabilités que vous vous reconnaissez. Dites-lui comment vous avez surmonté les obstacles et comment il a lui-même les ressources suffisantes pour vaincre les siens. Cette sincérité de votre part lui donnera de l'espoir!

«Les mots pour le dire»

Les adolescents sont extrêmement sensibles à ce qu'on leur dit. Ils se sentent blessés lorsque nos paroles contiennent une critique.

Faites maintenant l'exercice suivant.

À la place de	Je pourrais dire
«Dépêche-toi donc, flanc mou!»	
«Assis-toi comme il faut!»	
«Ôte-toi les cheveux de devant la face!»	
«Baisse le ton!»	
«Si t'as rien d'intelligent à dire, ferme-la!»	
«Tiens-toi comme du monde!»	
«Ôte-toi de là, t'as les mains pleines de pouces!»	
«Espèce de niaiseux(euse)!»	
«Tu te penses fin(e), hein!»	

Souvenez-vous qu'il est important de dire des mots qui font plaisir. À l'occasion, n'hésitez pas à utiliser des phrases qui ressemblent à celles qui suivent.

«Tu t'améliores beaucoup à l'école!»

«Je trouve que tu as beaucoup de talent dans ....»

«Je suis très content(e) d'avoir un garçon (ou une fille) comme toi!»

«Tu as un si beau sourire!»

«Tu es pas mal drôle!»

«Je suis certain(e) que tu es capable de...»

«Quand tu fais quelque chose que tu aimes, tu es très persévérant(e)!»

«C'est beau, continue!»

«Je suis fier (fière) de toi, tu sais!»

«Merci!»

D. L'ADOLESCENT A BESOIN QUE SES PARENTS AIENT DES ATTENTES RÉALISTES

Mes attentes à l'égard de mon adolescent

Essayez de vous souvenir de la période où votre jeune n'était qu'un petit enfant. Que rêviez-vous pour lui? Comment imaginiez-vous qu'il serait à adolescence?

....

....

....

Est-ce que votre jeune d'aujourd'hui correspond à vos attentes passées?

....

Si oui, pourquoi?

....

....

Sinon, pourquoi?

....

....

Il peut exister un écart entre l'adolescent que vous aviez imaginé et celui d'aujourd'hui. Si le décalage est important et qu'il se fait au profit de l'adolescent rêvé, il faut que vous parveniez à en faire le deuil. Il est de la toute première importance que vous considériez votre jeune pour ce qu'il est réellement et non pas pour ce que vous désiriez qu'il soit.

Il est légitime toutefois que les parents aient des attentes à l'égard de leur adolescent. Mais ces attentes doivent être réalistes, c'est-à-dire adaptées à son potentiel, à ses forces, à ses qualités, à ses difficultés et à ses vulnérabilités.

Que souhaitez-vous que votre jeune devienne dans 10 ans?

Sur le plan physique   Cotez de 1 (le plus important) à 5 (le moins important)

Être sportif(ive)   ❏

Être en bonne santé   ❏

Avoir une belle apparence ❑

Être habile dans le bricolage ❑

Être habile dans les tâches quotidiennes ❑

Quelles sont les qualités *physiques* que votre jeune possède déjà?

....

....

Quelles sont les qualités *physiques* que vous aimeriez que votre jeune développe davantage?

....

....

Selon vous, quels moyens devrait prendre votre jeune pour y parvenir?

....

....

Lui avez-vous fait part de vos attentes et de vos suggestions à ce sujet?

....

Si oui, quelle a été sa réaction?

....

....

Demandez à votre jeune de répondre à son tour au questionnaire et discutez-en ensemble par la suite.

Sur le plan intellectuel   Cotez de 1 (le plus important) à 8 (le moins important)

Réussir ses études ❑

Faire des études avancées ❑

Être créateur et inventif ❑

Faire preuve d'un bon raisonnement ❑

Faire preuve de jugement pratique dans des situations quotidiennes ❑

Être capable de planification et de méthode de travail ❑

90

Manifester une bonne expression verbale ❏

Avoir une bonne mémoire ❏

Quelles sont les habiletés *intellectuelles* que votre jeune possède déjà?

....

....

Quelles sont les habiletés *intellectuelles* que vous aimeriez que votre jeune développe davantage?

....

....

Selon vous, quels moyens devrait prendre votre jeune pour y parvenir?

....

....

Lui avez-vous fait part de vos attentes et de vos suggestions à ce sujet?

....

....

Si oui, quelle a été sa réaction?

....

....

Demandez à votre jeune de répondre au questionnaire à son tour et discutez-en ensemble par la suite.

Sur le plan moral   Cotez de 1 (le plus important) à 6 (le moins important)

Être honnête ❏

Faire preuve de franchise ❏

Être juste ❏

Manifester une bonne conscience sociale ❏

Manifester une bonne conscience de l'environnement physique ❏

Être fidèle dans ses engagements ❏

Quelles sont les qualités *morales* que votre jeune possède déjà?

....

....

Quelles sont les qualités *morales* que vous aimeriez que votre jeune développe davantage?

....

....

Selon vous, quels moyens devrait prendre votre jeune pour y parvenir?

....

....

Lui avez-vous fait part de vos attentes et de vos suggestions à ce sujet?

....

....

Si oui, quelle a été sa réaction?

....

....

Demandez à votre jeune de répondre au questionnaire à son tour et discutez-en ensemble par la suite.

Sur le plan affectif   Cotez de 1 (le plus important) à 7 (le moins important)

Être bien dans sa peau .... ❑

Être autonome .... ❑

Être capable de s'affirmer .... ❑

Être capable d'initiative .... ❑

Vivre une vie amoureuse épanouie .... ❑

Être capable de gérer son stress .... ❑

Être capable de demander .... ❑

Quelles sont les qualités *affectives* que votre jeune possède déjà?

....

....

Quelles sont les qualités *affectives* que vous aimeriez que votre jeune développe davantage?

....

....

Selon vous, quels moyens devrait prendre votre jeune pour y parvenir?

....

....

Lui avez-vous fait part de vos attentes et de vos suggestions à ce sujet?

....

....

Si oui, quelle a été sa réaction?

....

....

Demandez à votre jeune de répondre au questionnaire à son tour et discutez-en ensemble par la suite.

Sur le plan social   Cotez de 1 (le plus important) à 10 (le moins important)

Capacité d'écouter ❏

Capacité d'empathie (se mettre à la place des autres) ❏

Capacité de coopérer ❏

Avoir un bon réseau d'ami(e)s ❏

Être fidèle à ses amitiés ❏

Faire preuve de générosité ❏

Réussir financièrement ❏

Occuper une position de prestige ❏

Être populaire ❏

Manifester une conscience sociale développée ❏

Quelles sont les qualités *sociales* que votre jeune possède déjà?

....

....

Quelles sont les qualités *sociales* que vous aimeriez que votre jeune développe davantage?

....

....

Selon vous, quels moyens devrait prendre votre jeune pour y parvenir?

....

....

Lui avez-vous fait part de vos attentes et de vos suggestions à ce sujet?

....

....

Si oui, quelle a été sa réaction?

....

....

Demandez à votre jeune de répondre au questionnaire à son tour et discutez-en ensemble par la suite.

Il est important d'adapter vos attentes aux caractéristiques qui sont propres à votre jeune. Pour cela, il ne faut pas nier son identité. Cela peut se produire si vos attentes sont des projections de vos propres désirs; autrement dit, si vous désirez que votre jeune devienne ce que vous avez rêvé devenir vous-même. Enfin, n'oubliez pas qu'il vaut mieux être fier pour son jeune qu'être fier de son jeune!

Rappelez-vous!

◆ Votre jeune a besoin de se sentir aimé. Il vous faut apprendre à lui manifester votre amour tout en respectant le fait qu'il cherche activement à acquérir son indépendance!

◆ Il n'est pas toujours facile d'établir une bonne communication avec un adolescent. Mais celui-ci se sentira apprécié et compris s'il se rend compte que vous l'écoutez, que vous vous intéressez à son univers personnel et que vous respectez ses silences de même que sa pudeur.

◆ L'adolescent éprouve le désir irrésistible de prendre ses distances par rapport à ses parents. En même temps, cela provoque des craintes chez celui qui est dépendant et de l'ambivalence chez celui qui est manipulateur. Mais cela permet également à l'adolescent, surtout à celui qui est vraiment autonome, de développer une véritable capacité de se percevoir comme étant différent de ses parents. Il est donc important de favoriser l'autonomie des jeunes.

◆ L'affirmation de soi consiste à savoir «qui je suis, ce que je veux et comment je peux être moi-même sans craindre d'être rejeté». L'être humain s'affirme d'abord en disant «Non»; c'est de cette façon qu'il signifie qu'il est différent de l'autre. Par la suite, lorsqu'il se sent en sécurité et reconnu dans ses capacités, il peut s'affirmer en disant «Oui».

◆ L'adolescent a besoin de trouver son identité. Pour ce faire, il doit définir son style personnel en tenant compte de ses forces et de ses vulnérabilités. Les parents peuvent aider leur adolescent à savoir qui il est et à développer une bonne estime de soi en lui donnant une rétroaction («feed-back») positive et en l'encourageant à faire face aux difficultés qu'il rencontre.

◆ Ce qui nuit le plus à l'estime de soi des jeunes, ce sont les attentes irréalistes des parents et des adultes qui les entourent!

Auto-évaluation

(✓cochez dans les cases de votre choix)

	Toujours	Souvent	Parfois	Rarement
Est-ce que j'ai modifié ma façon de montrer à mon enfant que je l'aime maintenant qu'il est rendu à l'adolescence?	❏	❏	❏	❏
Est-ce que je cherche à l'écouter vraiment en entrant dans son univers?	❏	❏	❏	❏
Est-ce que j'accepte que mon ado ait le désir de prendre ses distances?	❏	❏	❏	❏
Est-ce que je l'encourage à s'affirmer positivement ?	❏	❏	❏	❏
Est-ce que j'accepte de négocier une plus grande autonomie?	❏	❏	❏	❏
Est-ce que je souligne régulièrement ses forces personnelles même si ce ne sont pas celles que je privilégie?	❏	❏	❏	❏
Est-ce que je reconnais ses habiletés dans différents domaines?	❏	❏	❏	❏
Est-ce que je souligne ses vulnérabilités tout en ménageant sa fierté?	❏	❏	❏	❏
Est-ce que je lui exprime clairement mes attentes?	❏	❏	❏	❏
Est-ce que j'ai des attentes réalistes à son égard?	❏	❏	❏	❏

Si vous répondez *parfois* ou *rarement* à plusieurs de ces questions, cherchez, parmi les exercices des pages précédentes, ceux qui pourraient vous aider à améliorer votre relation avec votre jeune.

Attitudes à maintenir ....

....

....

Attitudes à développer ....

....

....

Exercices choisis ....

....

....

Chapitre 3
APPRENDRE À L'ADOLESCENT À PARTICIPER ET À COOPÉRER

Jean-Jacques Rondeau, secondaire 3

INTRODUCTION

L'adolescence est probablement le moment le plus important de la vie pour apprendre à vivre en groupe. Il s'agit, en effet, d'une période cruciale pendant laquelle l'individu recherche activement la présence des autres! Cette ouverture aux autres date de la petite enfance, mais elle devient vitale à l'adolescence pour trois (3) raisons majeures.

Il faut souligner, d'abord, que l'adolescent doit absolument prendre ses distances par rapport à ses parents et aux adultes en général afin de définir son identité. On peut dire qu'il coupe le cordon ombilical pour une deuxième fois. Mais pourtant, l'adolescent ne peut pas se retrouver sans aucun lien avec les autres. Il s'associe donc à d'autres jeunes pour redéfinir avec eux ses valeurs, ses désirs et ses aspirations. Il cherche farouchement à acquérir son autonomie tout en adhérant de façon générale à la sous-culture de sa gang dont les principaux signes extérieurs sont la manière de s'habiller, de parler et de se coiffer ainsi que le choix d'un type d'activités et d'une musique.

L'adolescent éprouve le besoin de s'ouvrir aux autres pour une autre raison. En effet, stimulé par tous les bouleversements hormonaux de la puberté, il est irrésistiblement attiré par les jeunes du sexe opposé. Garçons et filles sont aux prises toutefois avec une nouvelle image physique qui est mal intégrée, et ils sont malhabiles dans leurs approches sensuelles et sexuelles. Le groupe les rassure, les encadre et leur permet d'avoir des contacts plus ou moins intimes.

Enfin, cette recherche de la présence des autres s'explique par le fait que l'adolescent a besoin de se sentir soutenu dans ses efforts pour conquérir son autonomie financière, sexuelle et personnelle. Il a besoin d'apprendre les règles du jeu, les façons de vivre en société ainsi que les modes de participation et de coopération. Son groupe d'amis l'aide à faire cet apprentissage.

Les parents ont sur leurs enfants d'âge préscolaire plus d'influence que les amis. À l'âge du primaire, ils en ont autant que les amis, mais à l'âge du secondaire, ils en ont moins que ceux-ci. Cela n'empêche pas que tout ce que les parents ont donné à leurs jeunes reste vivant en eux! À un autre point de vue, il faut ajouter que les parents et les éducateurs ont encore un rôle très important à jouer à l'adolescence, soit celui d'aider leurs jeunes à apprendre à participer et à coopérer à la maison et à l'école.

Il est de toute première importance que l'adolescent trouve sa place dans sa famille, dans son milieu scolaire et dans son groupe d'amis, et que cette place lui soit reconnue! L'estime de soi de l'adolescent est fortement tributaire de cette reconnaissance sociale.

A. L'ADOLESCENT A BESOIN DE TROUVER SA PLACE DANS SA FAMILLE

Saviez-vous que...

◆ Depuis qu'ils sont tout petits, Sébastien et Catherine prennent beaucoup de place dans la maison et dans votre cœur. Or, c'est vous, les parents, qui avez en grande partie défini cette place et qui avez déterminé les règles du jeu! Mais voici que Sébastien et Catherine, rendus à l'adolescence, remettent en question votre façon de faire, vos opinions, vos règles et votre vision de leur participation à la vie familiale. Pas de panique, car c'est un très bon signe! Cela signifie qu'ils cherchent à apprendre à coopérer plutôt qu'à se conformer.

L'histoire familiale

Il est important pour un adolescent d'être en contact avec son histoire familiale, peu importe le type de famille dans laquelle il vit (traditionnelle, monoparentale ou reconstituée)! L'édifice qu'on construit est d'autant plus solide que ses fondations le sont!

Sortez donc votre album de photos et regardez avec votre jeune les étapes de votre vie familiale. Laissez-lui faire ses commentaires sans porter de jugement! Prêtez attention aux émotions qui reviennent le plus souvent!

Il est regrettable que des adolescents soient coupés de leur passé parce que leurs parents se sentent coupables de certains choix personnels qu'ils ont faits ou parce qu'ils ont de la difficulté à en expliquer les raisons. L'adolescent a besoin de comprendre son passé afin d'avancer résolument vers l'avenir.

Hé 95

102

L'ADOLESCENT(E) A BESOIN DE VIVRE
DES MOMENTS DE COMPLICITÉ FAMILIALE

Quelle est l'importance de chacune des activités suivantes dans vos relations avec votre jeune?
(✓ cochez dans les cases de votre choix)

	Très importante	Moyennement importante	Peu importante	Pas importante
Faire du sport	❏	❏	❏	❏
Aller au restaurant	❏	❏	❏	❏
Regarder la télévision	❏	❏	❏	❏
Aller au cinéma	❏	❏	❏	❏
Aller voir un spectacle	❏	❏	❏	❏
Parler	❏	❏	❏	❏
Bricoler	❏	❏	❏	❏
Louer un film	❏	❏	❏	❏
Se tirailler	❏	❏	❏	❏

Quelles sont les autres activités que vous faites avec votre jeune?

....

....

....

Quelle est la fréquence de chacune de ces activités dans vos relations avec votre jeune?
(✓ cochez dans les cases de votre choix)

	Très fréquente	Moyennement fréquente	Peu fréquente	N'arrive jamais
Faire du sport	❏	❏	❏	❏
Aller au restaurant	❏	❏	❏	❏
Regarder la télévision	❏	❏	❏	❏
Aller au cinéma	❏	❏	❏	❏
Aller voir un spectacle	❏	❏	❏	❏
Parler	❏	❏	❏	❏
Bricoler	❏	❏	❏	❏
Louer un film	❏	❏	❏	❏
Se tirailler	❏	❏	❏	❏

Est-ce que l'activité la plus importante est aussi la plus fréquente?

....

Expliquez pourquoi.

....

....

Demandez maintenant à votre jeune de répondre à ces mêmes questions. Puis, comparez vos réponses.

Vos réponses sont-elles différentes?

....

Comment expliquez-vous que vos perceptions soient semblables ou différentes?

....

....

....

Comment pouvez-vous rajuster les activités familiales en fonction des intérêts et des goûts de chacun si cela est nécessaire?

....

....

....

Saviez-vous que...

◆ Pour créer des liens entre les membres d'une famille, il faut **FAIRE** ensemble en plus d'**ÊTRE** ensemble.

Quels sont les projets familiaux que vous avez réalisés au cours de la dernière année?

Déménagement	❏
Voyage	❏
Vacances	❏
Achats planifiés et réalisés	❏
Célébrations particulières	❏
Autre	❏

Est-ce que ces projets ont enthousiasmé votre jeune?

....

Pourquoi?

....

....

Est-ce que votre jeune a participé à l'élaboration de l'un de ces projets?

....

Est-ce que votre jeune a participé à la planification de l'un de ces projets?

....

Est-ce que votre jeune a participé à l'exécution de l'un de ces projets?

....

Est-ce que votre jeune a participé à l'évaluation de l'un de ces projets?

....

Participer, ça s'apprend!

Est-ce que votre jeune participe:	La plupart du temps (15 pts)	Souvent (10 pts)	Rarement (5 pts)	Presque jamais (1 pt)
Aux tâches ménagères	❏	❏	❏	❏
Aux activités familiales	❏	❏	❏	❏
Aux travaux scolaires faits à la maison	❏	❏	❏	❏
Aux discussions familiales	❏	❏	❏	❏
À l'organisation des fêtes	❏	❏	❏	❏
Aux soins à donner aux plus petits	❏	❏	❏	❏
À ses dépenses personnelles (petits travaux, etc.)	❏	❏	❏	❏
À l'élaboration des règles	❏	❏	❏	❏
À la résolution des problèmes familiaux	❏	❏	❏	❏
À l'atmosphère de plaisir qui règne dans la famille	❏	❏	❏	❏

Total des points ❏

Entre 100 et 150 points: Votre adolescent(e) participe activement à la vie familiale. Si votre jeune est aussi actif(ive) avec ses amis, on peut penser que son adaptation à la vie de groupe est bonne. Mais si sa vie sociale est inexistante, on peut croire que sa dépendance envers sa famille est trop grande.

Entre 75 et 100 points: Votre adolescent(e) participe à la vie familiale dans les domaines qui font son affaire. Il faut souvent pousser votre jeune à la participation et cela peut entraîner des conflits. Si votre jeune participe bien à la vie de groupe avec ses amis, on peut penser qu'il ou elle cherche à prendre ses distances de sa famille. Mais si sa vie sociale est inexistante ou presque, on peut croire qu'il existe un malaise important dans sa vie.

Moins de 75 points: Votre adolescent(e) participe peu à la vie familiale, soit par opposition systématique, soit parce que vous avez démissionné vous-même! Votre jeune est soit très «branché» sur son groupe d'amis ou particulièrement asocial. Vous pouvez l'aider!

À quand remonte votre dernier projet familial (sortie, fête, etc.)? ....
....

Prenez maintenant le temps de préparer un projet avec votre jeune.

Élaboration

Vous planifiez une rencontre familiale en tenant compte des horaires de chacun. Vous annoncez que cette rencontre ou ce conseil de famille sera l'occasion d'élaborer un projet familial enthousiasmant pour chacun.

Vous expliquez également que vous éprouvez le besoin de faire quelque chose d'agréable avec tous les membres de la famille et vous demandez à chacun d'arriver à cette rencontre avec un (1) projet ou deux (2).

Il se peut que votre jeune arrive à cette rencontre sans aucun projet. Cela ne fait rien, car la participation ça s'apprend!

Mettez tous les projets sur la table et discutez-en. Pendant cette discussion, restez centré sur les intérêts de chacun.

Faites un «brassage» d'idées sans décider, dans un premier temps, de la faisabilité des projets.

Attardez-vous à deux (2) ou trois (3) projets et donnez la responsabilité à deux (2) membres de la famille, dont votre jeune, de les élaborer plus précisément.

Donnez-vous rendez-vous dans quelques jours ou dans une semaine.

À ce moment-là, reprenez les projets et choisissez-en un ensemble.

Planification

Lorsque le projet est choisi, discutez-en en famille de la répartition des rôles et entendez-vous sur les étapes à suivre (choix de l'endroit, informations à prendre, réservation des billets, achats, etc.).

Chacun choisit une (1) tâche et deux (2) ou trois (3) membres de la famille, dont le jeune s'il le veut bien, prennent la responsabilité du projet.

Un autre rendez-vous est fixé. On se revoit donc quelques jours ou quelques semaines plus tard selon la nature du projet.

Exécution

L'activité choisie doit se dérouler dans le plaisir et la complicité.

Même si tout ne se passe pas comme vous l'auriez souhaité, dites-vous que ce n'est ni grave ni important. Les erreurs de parcours font partie du processus d'apprentissage de la démocratie.

Il est important de souligner les «bons coups» de votre jeune et d'ignorer pour le moment ses lacunes.

Rappelez-vous votre but! Votre jeune doit avoir du plaisir à participer à cette activité si vous voulez qu'il ressente un sentiment d'appartenance à la famille. C'est ce sentiment d'appartenance qui lui fera accepter de participer également aux tâches moins agréables et aux obligations de la vie quotidienne.

Évaluation

Immédiatement après l'exécution du projet ou quelques jours plus tard, revoyez avec votre jeune ce qui a été vécu en vous posant notamment les questions suivantes:

Est-ce que le projet était réaliste?

Est-ce que le projet était agréable?

Est-ce que le projet était facile à planifier?

Est-ce que la participation de votre jeune était positive?

Est-ce que votre jeune a le goût de revivre une expérience semblable?

Ne critiquez pas sa façon de faire et ne mettez pas l'accent sur ses lacunes ou sur vos déceptions s'il y en a. Insistez sur les habiletés de votre jeune et exprimez-lui votre confiance en ses capacités.

Coopérer, ça s'apprend!

Il est possible de favoriser la coopération des jeunes sans faire preuve de contrôle excessif. Pour cela, il faut que les jeunes participent à l'élaboration des règles familiales et qu'ils vivent les conséquences qui découlent de leurs actes.

Est-ce que votre jeune coopère à la vie familiale?
(✓cochez dans les cases de votre choix)

	La plupart du temps (15 pts)	Souvent (10 pts)	Rarement (5 pts)	Presque jamais (1 pt)
En rendant service	☐	☐	☐	☐
En offrant spontanément son aide	☐	☐	☐	☐
En faisant des tâches ménagères	☐	☐	☐	☐
En acceptant de discuter avec vous	☐	☐	☐	☐
En tenant compte de vos idées	☐	☐	☐	☐
En négociant avant d'agir	☐	☐	☐	☐
En ramassant ce qui traîne	☐	☐	☐	☐
En rationalisant ses dépenses	☐	☐	☐	☐
En respectant votre intimité	☐	☐	☐	☐
En convenant avec vous du nombre d'ami(e)s qui viennent à la maison	☐	☐	☐	☐

Total des points ☐

Entre 100 et 150 points: Votre jeune coopère bien à la vie familiale. Vous tenez probablement compte de façon régulière de ses goûts, de ses besoins et de ses désirs. Votre jeune vous le rend bien!

Entre 75 et 100 points: Votre jeune coopère parfois à la vie familiale. Mais, plus souvent qu'autrement, votre jeune est centré(e) sur ses propres besoins. L'égocentrisme est normal à l'adolescence, mais les parents doivent aider leur jeune à tenir compte des autres. Tout est dans la façon de faire.

Moins de 75 points: Votre jeune coopère peu à la vie familiale. Il s'agit peut-être d'une réaction soit à un contrôle excessif de votre part, soit à votre démission. La famille est un lieu privilégié pour apprendre à coopérer. Il est encore possible de le faire!

Saviez-vous que...

◆ Une recherche dont le «Journal of Adolescence 1991» a fait état révèle que les adolescents qui vivent dans des familles où il y a beaucoup de discussions sont plus optimistes face à leur avenir. Cette recherche indique également que les parents dont le contrôle sur les adolescents diminue au fur et à mesure que ceux-ci vieillissent favorisent par ce fait même l'estime de soi de leurs jeunes ainsi que leur sentiment d'assurance dans la vie.

Coopération et valeurs familiales

De nombreux parents d'adolescents se plaignent que ces derniers ne coopèrent pas aux tâches ménagères ou qu'ils n'acceptent plus les règles familiales comme les heures d'entrée, l'hygiène personnelle, etc.

Pour coopérer, il faut adhérer aux valeurs sous-jacentes aux règles. En d'autres mots, il faut être partie prenante de ces valeurs.

ENTENTE SUR LES TÂCHES MÉNAGÈRES

Planifiez une rencontre familiale en précisant le jour et l'heure. Annoncez à vos jeunes que vous désirez discuter des tâches ménagères sans chicaner ni accuser personne. Mettez sur la table toutes les tâches ménagères qui sont nécessaires à la vie en commun: élaboration des repas, ménage des pièces communes, ménage des chambres, lavage, repassage, sortie des poubelles, etc.

À tour de rôle, chacun choisit la tâche qu'il préfère assumer et dont il est capable de s'occuper. Par exemple, il est inutile que Francis choisisse de faire les repas s'il n'a jamais touché à une casserole; par contre, il peut apprendre à faire un (1) ou deux (2) repas par semaine!

Vous faites un tour de table jusqu'à ce que toutes les tâches soient distribuées. Les parents peuvent accepter d'assumer plus de tâches, mais toute la famille doit être au courant de cette situation.

Vous vous entendez, ensuite, sur le moment où ces tâches doivent être exécutées pour que la vie familiale soit agréable. Il est impensable, par exemple, que Chantal fasse le lavage le lundi et que Nicolas s'occupe du repassage le samedi. À ce rythme, tout le monde serait pénalisé!

Finalement, vous distinguez les tâches qui sont la responsabilité exclusive des jeunes (faire leurs chambres, etc.) de celles qui concernent l'ensemble de la famille. Ces dernières sont prioritaires.

Vous convenez ensemble d'une façon d'encourager chacun à exécuter ses tâches dans des délais prévus à l'avance (système de paye, activité de plein air prévue le dimanche, déjeuner au restaurant, etc.). Il est évident que la personne qui n'aura pas exécuté ses tâches ne bénéficiera pas de ces privilèges.

Vous convenez ensemble des conséquences qui découlent d'un manquement à ce contrat.

Vous vous donnez rendez-vous à toutes les semaines pour discuter du bon fonctionnement de votre contrat familial. Faites attention, car ces rencontres ne doivent pas devenir l'occasion de faire une délation ou de s'accuser réciproquement!

Remplissez maintenant le contrat familial sur les tâches ménagères.

CONTRAT FAMILIAL SUR LES TÂCHES MÉNAGÈRES

Membre de la famille	Tâche	Encouragement prévu	Conséquence prévue
_____	_____	_____	_____
_____	_____	_____	_____
_____	_____	_____	_____
_____	_____	_____	_____
_____	_____	_____	_____
_____	_____	_____	_____

Lorsque les routines sont instaurées, le conseil de famille n'a pas besoin de se réunir souvent. N'oubliez pas que les parents ont également besoin d'encouragements et qu'ils doivent vivre aussi les conséquences qui découlent de leurs actes. Une famille est une mini-société!

Saviez-vous que...

◆ Il faut bien admettre que la société tout entière aurait besoin d'un apprentissage à la participation et à la coopération! Il n'est pas surprenant que les jeunes qui se trouvent à n'avoir que peu de modèles d'adultes qui participent et qui coopèrent aient tendance à penser d'abord à la satisfaction de leurs propres besoins.

B.   L'ADOLESCENT A BESOIN DE TROUVER SA PLACE DANS SON GROUPE D'AMIS

Saviez-vous que...

◆ Les relations avec les pairs changent durant l'adolescence. Ces relations exercent une influence qui peut être cruciale sur la formation de l'identité de l'adolescent.

LE CHOIX DE MES AMIS[1]

Demandez à votre jeune de répondre au questionnaire suivant.

Est-ce important pour toi d'avoir des amis?

....

Si oui, pourquoi?

....

....

Sinon, pourquoi?

....

....

Quel type d'amis préfères-tu?

....

....

1 Dans les exercices de cette section, en ce qui concerne *ami* et *amis*, la forme masculine désigne aussi bien les filles que les garçons.

Pourquoi?

....

....

Comment t'y prends-tu pour choisir un nouvel ami ?

....

....

Lorsque tu rencontres une personne pour la première fois, qu'est-ce qui te pousse à la choisir comme ami?

Ses caractéristiques physiques   Oui ❑   Non ❑

Si oui, lesquelles?

....

....

Ses caractéristiques intellectuelles   Oui ❑   Non ❑

Si oui, lesquelles?

....

....

Ses caractéristiques émotives   Oui ❑   Non ❑

Si oui, lesquelles?

....

....

Ses caractéristiques sociales   Oui ❑   Non ❑

Si oui, lesquelles?

....

....

Chez une personne, qu'est-ce qui ne t'attire pas ou te répugne même?

Ses caractéristiques physiques   Oui ❑   Non ❑

Si oui, lesquelles?

....

....

Ses caractéristiques intellectuelles   Oui ❑   Non ❑

Si oui, lesquelles?

....

....

Ses caractéristiques émotives   Oui ❑   Non ❑

Si oui, lesquelles?

....

....

Ses caractéristiques sociales   Oui ❑   Non ❑

Si oui, lesquelles?

....

....

Lorsque tu rencontres une personne pour la première fois, qu'est-ce qui t'attire immédiatement chez elle?
(✓ cochez dans les cases de votre choix)

Son apparence physique	❑	Sa spontanéité	❑
Sa simplicité	❑	Sa facilité à s'exprimer	❑
Son côté «leader»	❑	Son ton affirmatif	❑
Autre	❑		

As-tu plusieurs amis qui sont très importants pour toi?

Oui ❑   Non ❑

Si oui, inscris le prénom de chacune de ces personnes ainsi qu'une qualité qui caractérise chacune d'elles (beauté, simplicité, etc.).

Prénoms	Qualités
....	....
....	....
....	....
....	....
....	....
....	....

Si tu as peu d'amis ou si tu n'en a pas du tout, est-ce par choix personnel ou parce que c'est difficile pour toi d'en avoir?

....

....

Si c'est par choix personnel, quels sont les raisons qui motivent ce choix?

....

....

....

Si ce n'est pas par choix personnel, quelles sont les personnes dans ton environnement qui pourraient t'aider à te faire des amis?

Des jeunes?   Si oui, écris leurs prénoms.

....

....

Des enseignants?   Si oui, écris leurs prénoms.

....

....

D'autres adultes?   Si oui, écris leurs prénoms

....

....

Tes parents?

Oui ❑   Non ❑

As-tu des amis qui sont plus intimes que d'autres avec toi?

Oui ❑   Non ❑

Qu'est-ce qui fait la différence entre un ami intime et un autre ami?

....

....

....

T'es-tu fait un nouvel ami durant le dernier mois?

Oui ❑   Non ❑

Si oui, comment cette rencontre s'est-elle déroulée?

....

....

Que penses-tu des personnes de l'autre sexe?

....

....

....

Est-ce que les personnes de l'autre sexe t'intéressent?

Oui ❑   Non ❑

Si oui, est-ce pour:
(✓cochez dans les cases de votre choix)

le plaisir	❑	les sorties	❑
l'amitié	❑	le travail scolaire	❑
l'amour	❑	le sexe	❑
les activités	❑	autre	❑

Sinon, pourquoi?

....

....

(Au garçon) **Quel genre de filles aimes-tu?**

....

....

....

(À la fille) **Quel genre de garçons aimes-tu?**

....

....

....

Est-il important pour toi d'avoir un ami de cœur?

Oui ❑   Non ❑

Pourquoi?

....

....

....

Fais une brève description du type de personnes que tu admires le plus.

....

....

....

Fais une brève description du type de personnes par lequel tu désires être aimé.

....

....

....

As-tu un héros, une héroïne ou une personne que tu admires beaucoup?

Oui ❑   Non ❑

Qui est-ce?

....

Quelles sont ses qualités?

....

....

....

Après avoir répondu à ce questionnaire, propose à tes parents de le faire à leur tour de façon individuelle. Par la suite, partagez vos découvertes.

Saviez-vous que...

◆ Durant l'adolescence, les amitiés évoluent, passant du partage des activités à une plus grande intimité psychologique.

◆ Les premières amitiés sont souvent à l'origine de relations hétérosexuelles intimes.

◆ Les enfants qui étaient populaires auprès de leurs pairs sont susceptibles de devenir des adolescents populaires. De l'enfance à l'adolescence, le niveau de popularité demeure, en effet, relativement stable.

◆ La popularité d'un adolescent est fortement liée à sa conformité aux normes et aux habitudes de son groupe de pairs.

◆ Les adolescents se conforment aux normes de leurs pairs dans des domaines comme le choix des amis, les habitudes de langage et la manière de s'habiller. Toutefois, ils se laissent guider par les normes parentales dans les domaines qui concernent l'accomplissement de soi comme les performances scolaires et les aspirations professionnelles.

MON GROUPE D'AMIS ET MOI

Demandez à votre jeune de répondre par «vrai» ou par «faux» aux énoncés suivants.
(✓cochez dans les cases de votre choix)

	Vrai	Faux
Je crois que mes amis m'acceptent comme je suis	❏	❏
Je ne cache rien à mes amis et ils font de même avec moi	❏	❏
Je suis capable de m'affirmer dans mon groupe d'amis	❏	❏
J'ai une grande confiance en mon groupe d'amis	❏	❏
Chaque personne de mon groupe s'intéresse vraiment à l'opinion des autres	❏	❏
Je suis très ouvert(e) à l'intérieur de mon groupe	❏	❏
Je crois que mes amis m'aideront volontiers si je leur demande	❏	❏

	Vrai	Faux
Mes amis attachent plus d'importance au fait d'aider chacun à résoudre ses problèmes personnels qu'à celui de réaliser des activités	❏	❏
Mes amis s'expriment avec franchise et honnêteté	❏	❏
Mon groupe est très uni et solidaire	❏	❏
Je n'ai pas peur d'être rejeté(e) par mon groupe d'amis si je dévoile mes véritables opinions	❏	❏
Je me sens libre d'être moi-même à l'intérieur de mon groupe	❏	❏
Je me sens rarement mal à l'aise en présence de mes amis	❏	❏
Mes amis savent qui ils sont, c'est-à-dire qu'ils se perçoivent vraiment comme des individus distincts les uns des autres	❏	❏
Si je quitte le groupe, mes amis déploreront mon départ	❏	❏
Je peux exprimer ce que je veux (idées, opinions, sentiments) dans mon groupe	❏	❏
J'ai toujours hâte de me retrouver avec mon groupe	❏	❏
La plupart de mes amis sont vraiment eux-mêmes et ne jouent pas de rôles	❏	❏
Je me sens bien dans ma peau à l'intérieur de mon groupe d'amis	❏	❏
J'exprime facilement mes différences à l'intérieur de mon groupe	❏	❏
J'accorde mon appui à mes amis parce que je me sens solidaire d'eux	❏	❏
J'agis de manière très personnelle à l'intérieur de mon groupe	❏	❏
J'exprime des sentiments qui me tiennent à cœur	❏	❏
J'exprime mes véritables opinions et idées	❏	❏
Mes amis sont rarement passifs et apathiques	❏	❏
Je me perçois comme étant le leader de mon groupe d'amis	❏	❏
Je me sentirais très mal à l'aise si je ne dévoilais pas à mon groupe d'amis mes opinions les plus intimes	❏	❏
À l'intérieur de mon groupe d'amis, je suis libre d'être moi-même et je ne sens pas le besoin de jouer un rôle	❏	❏
Il est très important pour moi de correspondre à l'image que mes amis se font de moi	❏	❏

121

	Vrai	Faux
Je suis un membre important de mon groupe d'amis	☐	☐
Mes amis aiment beaucoup être en présence les uns des autres	☐	☐
Mon groupe d'amis m'aide toujours lorsque je suis aux prises avec un problème personnel	☐	☐
Mes amis m'écoutent lorsque je m'exprime	☐	☐
Je connais presque tout de la vie de chacun de mes amis	☐	☐
Mes amis ne sont pas inhibés et ils sont très spontanés les uns envers les autres	☐	☐
Je suis généralement d'accord avec les décisions que prend mon groupe d'amis	☐	☐
Mon groupe d'amis m'importe plus que ma famille	☐	☐
J'ai toujours l'impression de faire vraiment partie de mon groupe	☐	☐
Mes amis et moi n'avons pas besoin d'être contrôlés avec sévérité pour rester dans le droit chemin	☐	☐
Je n'ai pratiquement pas de secret pour mon groupe d'amis	☐	☐
Je sens un fort sentiment d'appartenance et de loyauté envers mon groupe d'amis	☐	☐
Il existe peu de compétition et de rivalité à l'intérieur de mon groupe	☐	☐
Je me sens unique au sein de mon groupe	☐	☐
Je me sens authentique lorsque je suis avec mes amis	☐	☐
Chacun de mes amis est une personne importante pour moi	☐	☐
Totaux	☐	☐

De 30 à 45 Vrais: Tu as confiance en toi! Tu vois assez clairement ton identité et ton caractère unique. Tu te sens libre de montrer aux autres qui tu es et de t'exprimer ouvertement. Tu as aussi un fort sentiment d'appartenance à ton groupe d'amis. Tu aimes être avec eux, faire des activités, les rencontrer et les aider. Bravo, car la communication est vraiment au cœur de tes relations amicales!

De 15 à 30 Vrais :	Tu ne te sens pas toujours libre et capable d'être ouvert(e) à l'intérieur de ton groupe d'amis. Parfois, tu crois qu'il est plus important de cacher une partie de tes sentiments ou de tes opinions afin de ne pas perdre tes amis. Il t'arrive de te sentir obligé(e) de jouer un rôle dans le groupe et d'agir contrairement à tes désirs. Il serait important que tu prennes le risque de t'affirmer davantage par rapport à tes amis. Il est toujours plus satisfaisant d'être aimé pour ce que l'on est réellement!

Moins de 15 Vrais :	Tu n'as pas vraiment confiance en toi! Tu ne vois pas très bien qui tu es et ce que tu veux vivre et faire avec ton groupe d'amis. Est-il possible que tes amis soient plutôt méfiants, impersonnels, négatifs ou défensifs? Est-il possible aussi que tes amis se croient obligés de jouer des rôles les uns envers les autres? Est-il possible, finalement, qu'il y ait entre vous tous beaucoup de rivalité, de compétition et aussi beaucoup de dépendance mutuelle? Pour être vraiment des amis, il faut de l'égalité, du partage et de la communication. Apprends à choisir tes amis et les personnes que tu fréquentes, tu en sortiras gagnant(e)!

C. L'ADOLESCENT A BESOIN DE TROUVER SA PLACE DANS SON MILIEU SCOLAIRE

L'intégration à l'école secondaire est une étape importante qui marque le début de l'adolescence. De façon générale, le jeune a hâte à ce changement qui confirme son statut d'adolescent, mais il le craint en même temps. Regardons les motifs qui sous-tendent ces craintes.

- Tout changement est porteur d'insécurité. Le jeune, en entrant à l'école secondaire, craint de perdre la sécurité apaisante de l'école primaire et de plonger dans un système nouveau et inconnu;

- la plupart des jeunes craignent d'être coupés de leur groupe d'appartenance du primaire et de perdre leurs amis;

- les garçons ont peur d'être agressés physiquement par les plus vieux du secondaire et les filles craignent surtout d'être isolées socialement;

- plusieurs jeunes appréhendent d'avoir six (6) ou sept (7) enseignants. Ils ont peur de ne pas recevoir l'aide qui leur est nécessaire; ils ont aussi la crainte de devenir des personnes anonymes dans une masse d'élèves;

- les jeunes ont peur de ne pas avoir assez de temps entre les cours ou de se perdre dans les corridors et les grands espaces de l'école;

- la plupart des adolescents craignent, à l'école secondaire, la drogue, les gangs, la violence et le harcèlement sexuel.

Malgré leurs appréhensions, les adolescents ont un besoin vif d'appartenir à un groupe. Les parents doivent reconnaître ce besoin fondamental et aider les jeunes à surmonter leurs peurs.

Connaître les intervenants scolaires

Il est important que les parents connaissent les intervenants scolaires qui sont en relation directe avec leur jeune ou, à tout le moins, connaissent le nom de ces personnes.

Vérifiez votre connaissance du personnel scolaire avec lequel votre jeune est en relation directe.
(✓cochez dans les cases de votre choix)

	Je connais son nom	Je le connais un peu	Je le connais assez bien
Directeur(trice) d'école	❏	❏	❏
Animateur(trice) de la vie étudiante	❏	❏	❏
Animateur(trice) de pastorale ou de morale	❏	❏	❏
Enseignant(e) de français	❏	❏	❏
Enseignant(e) de mathématique	❏	❏	❏
Enseignant(e) d'histoire	❏	❏	❏
Enseignant(e) de géographie	❏	❏	❏
Enseignant(e) d'écologie	❏	❏	❏
Enseignant(e) de sciences	❏	❏	❏
Enseignant(e) d'anglais	❏	❏	❏
Enseignant(e) d'arts plastiques	❏	❏	❏
Enseignant(e) de théâtre	❏	❏	❏
Enseignant(e) d'éducation physique	❏	❏	❏
Autres professionnels(les): conseiller(ère) en orientation, psychologue, psychoéducateur(trice), etc.	❏	❏	❏

Il est difficile de parler avec votre jeune de sa vie scolaire si vous n'avez pas une certaine connaissance de ses enseignants. Demandez-lui donc de vous parler de chaque personne qui lui enseigne. Ainsi il se rendra compte que vous vous intéressez à sa vie scolaire. Vous serez également en mesure de l'aider à reconnaître les points forts de ses enseignants.

Le jeune doit être conscient de la qualité de la relation qu'il vit avec chacun de ses enseignants. Il a besoin de votre aide pour y arriver!

Évaluez avec votre jeune la qualité de sa motivation scolaire.
(✓ cochez dans les cases de votre choix)

	Pauvre	Moyenne	Bonne	Très bonne
En français	❏	❏	❏	❏
En mathématique	❏	❏	❏	❏
En anglais	❏	❏	❏	❏
En histoire	❏	❏	❏	❏
En géographie	❏	❏	❏	❏
En écologie	❏	❏	❏	❏
En sciences	❏	❏	❏	❏
En arts plastiques	❏	❏	❏	❏
En théâtre	❏	❏	❏	❏
En éducation physique	❏	❏	❏	❏

Discutez avec votre jeune des aspects qui favorisent sa motivation scolaire et de ceux qui la réduisent. Si votre jeune a des relations difficiles avec l'un de ses enseignants, aidez-le à trouver des moyens pour surmonter ses conflits.

Participer à la vie scolaire

Votre jeune vivra un plus grand sentiment d'appartenance à son école si vous participez à certaines activités qui sont offertes par son milieu scolaire.

Évaluez votre participation à la vie de l'école de votre jeune.
(✓ cochez dans les cases de votre choix)

	Souvent	Parfois	Jamais
Rencontre avec les enseignants(es) à l'occasion de la remise des bulletins	❏	❏	❏
Réunions des comités d'école	❏	❏	❏
Réunions d'information	❏	❏	❏
Événements spéciaux (pièces de théâtre, expositions, etc.)	❏	❏	❏
Remise des diplômes et des mentions d'excellence à la fin de l'année	❏	❏	❏

Si vous participez à ces activités, votre jeune pensera sûrement que son école est importante pour vous. Cela l'aidera à vivre un sentiment d'appartenance à son milieu scolaire! Il vous sera également plus facile de discuter ensemble de certains aspects de son école, tant sur le plan de la structure que de son fonctionnement. Vous pouvez développer ainsi une belle complicité avec votre jeune!

Il est important que vous encouragiez votre jeune à participer aux diverses activités parascolaires qui sont offertes par son école.

Évaluez avec votre jeune sa participation aux activités parascolaires de son école.
(✓ cochez dans les cases de votre choix)

	Souvent	Parfois	Jamais
Activités sportives (le midi, après les heures d'école)	❑	❑	❑
Conseil étudiant	❑	❑	❑
Associations étudiantes	❑	❑	❑
Journal de l'école	❑	❑	❑
Radio étudiante	❑	❑	❑
Projets d'école (sorties, voyages, etc.)	❑	❑	❑
Activités musicales	❑	❑	❑
Activités manuelles	❑	❑	❑
Théâtre	❑	❑	❑
Autres	❑	❑	❑

La fille ou le garçon qui participe souvent à l'une ou l'autre de ces activités vit certainement un bon sentiment d'appartenance à son milieu scolaire. Par contre, dans le cas de l'adolescent qui est peu motivé par ces activités ou qui ne s'y intéresse pas, il y a lieu d'essayer de cerner les raisons qui sous-tendent cette situation.

Demandez maintenant à votre jeune de compléter les phrases suivantes.

Mes ami(e)s m'apprécient parce que ....

Mes ami(e)s ne m'apprécient pas parce que ....

À l'école, ce que j'aime c'est ....

À l'école, ce que je n'aime pas c'est ....

J'aime les activités parascolaires parce que ....

Je n'aime pas les activités parascolaires parce que ....

Je sens que j'ai une place à l'école parce que ....

Je sens que je n'ai pas de place à l'école parce que ....

Il importe de ne pas blâmer l'adolescent qui connaît les raisons de sa pauvre participation à la vie de l'école et qui en souffre. Dans cette situation, il faut surtout l'aider à trouver des solutions. Vous pouvez en suggérer à votre jeune à condition de respecter son rythme et ses résistances.

Si votre adolescent ne participe pas aux activités de l'école en raison des conflits relationnels qu'il vit avec ses camarades ou les figures d'autorité, il devient très important de l'aider à prendre conscience de cette situation. Demandez donc à votre jeune de répondre au questionnaire suivant.

Dans un conflit relationnel, je suis porté(e):
(✓ cochez dans les cases de votre choix)

	Souvent	Parfois	Jamais
À m'affirmer en défendant mon point de vue	❑	❑	❑
À être à l'écoute des idées et des sentiments des autres	❑	❑	❑
À négocier une solution qui fait l'affaire de tout le monde	❑	❑	❑
À affronter les autres pour imposer mon point de vue	❑	❑	❑
À me conformer aux points de vue des autres	❑	❑	❑
À m'isoler	❑	❑	❑

Si vous décelez chez votre jeune certaines attitudes qui ne favorisent pas une bonne coopération avec les autres, essayez de l'aider à trouver des moyens qui vont lui faire vivre des relations plus harmonieuses à l'école.

Par leurs structures et leur fonctionnement, certaines écoles secondaires ne permettent pas vraiment aux jeunes de vivre un sentiment d'appartenance. Si vous avez de bonnes raisons de croire que c'est le cas de l'école que fréquente votre jeune, n'hésitez pas à demander aux responsables de mettre sur pied des activités et un programme qui favorisent la participation.

Le sentiment d'appartenance est un besoin essentiel chez les adolescents. Ce sentiment prend la forme d'un réseau relationnel dans lequel l'adolescent apprend à vivre de plus en plus avec les autres. Et ce réseau joue le rôle d'un véritable antidote au sentiment de solitude sociale. Il est très important que l'école, dans sa structure et son fonctionnement, favorise activement le sentiment d'appartenance.

Conditions pour que l'école favorise un sentiment d'appartenance

- La direction d'école et les intervenants scolaires doivent exercer un leadership réellement démocratique.

- Les intervenants scolaires doivent être convaincus que le sentiment d'appartenance est un besoin essentiel chez les adolescents.

- Il doit exister une forte cohésion entre les membres de l'équipe-école et entre cette équipe et la direction. Cela doit se traduire dans un projet éducatif centré sur les besoins des jeunes.

- Les intervenants scolaires doivent connaître et comprendre les caractéristiques du quartier dont l'école fait partie. Ainsi ils savent ce que les élèves vivent en dehors des heures d'école.

- Il est essentiel que les adolescents et les parents soient accueillis chaleureusement à l'école et qu'ils le ressentent.

- L'école, avec la collaboration des élèves et des parents, doit mettre en place des projets comme des expositions, des galas, des campagnes d'aide, etc.

- Les intervenants scolaires doivent consulter régulièrement les élèves et leurs parents sur les divers aspects de la vie scolaire.

Rappelez-vous!

◆ L'adolescent cherche à s'éloigner de ses parents, mais il aime vivre à l'occasion des moments de complicité familiale en participant à des activités qu'il a choisies librement.

◆ Pour sentir qu'il fait partie des projets familiaux, l'adolescent doit apprendre à participer à leur élaboration, à leur planification, à leur exécution et à leur évaluation.

◆ Il y a de fortes chances que l'adolescent coopère à la vie familiale s'il comprend le sens des valeurs de ses parents et s'il sent qu'il a une marge de manœuvre réelle.

◆ L'adolescent doit apprendre à trouver sa place dans un groupe d'amis. Une vie sociale réussie constitue un rempart contre la dépression!

◆ Les parents devraient essayer de comprendre ce qui motive leur jeune dans le choix de ses amis et en discuter avec lui au lieu de craindre la gang dont il fait partie.

◆ De nos jours, l'école secondaire ne favorise pas toujours le sentiment d'appartenance des jeunes. L'école devrait susciter davantage la participation, la cohésion et la concertation.

◆ L'adolescent peut trouver sa place dans le milieu scolaire en s'engageant dans des activités parascolaires, en établissant de bonnes relations avec ses enseignants et en apprenant à régler ses conflits.

Auto-évaluation

(✓ cochez dans les cases de votre choix)

	Toujours	Souvent	Parfois	Rarement
Est-ce que je propose régulièrement des activités à mon ado?	❑	❑	❑	❑
Est-ce que je l'invite à participer à l'élaboration des projets?	❑	❑	❑	❑
Est-ce que je favorise sa coopération en tenant compte de ses idées?	❑	❑	❑	❑
Est-ce que je prévois un lieu et un temps pour parler avec mon ado du bon fonctionnement de la vie familiale?	❑	❑	❑	❑
Est-ce que je connais plusieurs de ses ami(e)s?	❑	❑	❑	❑
Est-ce que je parle régulièrement avec mon ado de ses ami(e)s, et ce sans les critiquer?	❑	❑	❑	❑
Est-ce que je comprends bien ce qui motive le choix de ses ami(e)s?	❑	❑	❑	❑
Est-ce que je m'intéresse à la vie scolaire de mon ado?	❑	❑	❑	❑
Est-ce que je parle parfois de l'école avec mon ado, et ce sans moraliser ou accuser?	❑	❑	❑	❑
Est-ce que je favorise sa participation à la vie scolaire?	❑	❑	❑	❑

Si vous répondez parfois ou rarement à plusieurs de ces questions, cherchez, parmi les exercices des pages précédentes, ceux qui pourraient vous aidez à améliorer votre relation avec votre jeune.

Attitudes à maintenir ....

....

....

Attitudes à développer ....

....

....

Exercices choisis ....

....

....

....

GUIDER L'ADOLESCENT DANS LA DÉCOUVERTE DE STRATÉGIES MENANT AU SUCCÈS

Sophie Silvano, secondaire 4

INTRODUCTION

L'adolescence, ce *no man's land* qui est situé entre l'enfance et l'âge adulte, apparaît comme un territoire peuplé d'esprits qui sont parfois bénéfiques et quelquefois maléfiques. La pensée magique, surtout au début de l'adolescence, règne sans partage. Garçons et filles croient que leur volonté et leurs talents ne sont pour rien dans les résultats qu'ils obtiennent, mais que ceux-ci sont dus soit à la chance, soit à la malchance. Une adolescente peut se demander, par exemple, pourquoi les garçons la trouvent belle et désirable alors qu'elle est elle-même hantée par un horrible bouton qu'elle a sur le nez? Un adolescent, pour sa part, peut se demander comment il a pu obtenir 75 p. cent en mathématique alors qu'il est convaincu d'être nul dans cette matière? Les adolescents croient, de façon générale, que leur sort ne dépend pas d'eux-mêmes, mais qu'ils sont à la merci soit de la générosité ou de la sévérité de leurs enseignants, soit de l'amour aveugle ou de l'incompréhension de leurs parents.

La réussite scolaire, la capacité de résoudre les problèmes de la vie quotidienne ainsi que la recherche de l'amitié et de l'amour, tout cela dépend des liens de cause à effet que le jeune est capable d'établir. Et cela ne va pas de soi quand on pense, par exemple, que bien des adultes ont encore le sentiment que «la vie est injuste» ou que bonnes et mauvaises nouvelles sont l'effet de la chance et de la malchance. *Pour diriger sa vie, il faut acquérir du pouvoir sur sa elle.* Ce n'est que de cette façon qu'on peut découvrir les stratégies qui mènent au succès et qui permettent de se sentir compétent dans son existence.

Une bonne estime de soi est à la base de la motivation et de l'autonomie. Ainsi, l'individu qui a confiance en ses capacités sera motivé à entreprendre une tâche ou une activité; il prendra les moyens pour la réaliser et il persévérera. Par la suite, il se sentira compétent et son estime de soi sera plus grande. Cet individu connaîtra du succès dans ses entreprises, ce qui est absolument nécessaire pour se sentir valorisé.

On peut dire de la motivation qu'elle est un moteur qui pousse en avant. Ce moteur n'est vraiment efficace que lorsqu'il est joint à un autre qui représente, lui, la capacité de se projeter dans l'avenir. Les adolescents qui ont cette capacité sont ceux qui ont accès à des modèles d'adultes qu'ils peuvent d'abord idéaliser, puis critiquer et, enfin, chercher à imiter dans ce qu'ils ont de meilleur.

Pour qu'un adolescent ait un idéal personnel, il faut qu'il côtoie des personnes dont les valeurs lui semblent justes et bonnes ou qu'il rêve de ressembler à des personnages que la société valorise.

A. L'ADOLESCENT A BESOIN DE MODÈLES POUR SE PROJETER DANS L'AVENIR

L'adolescent et ses héros

Saviez-vous que...

◆ Une des tâches importantes de l'adolescent est d'arriver à trouver son identité personnelle. Selon Peter Blos, le jeune, pour y arriver, doit «dé-idéaliser» ses parents. Et il faut dire qu'il ne s'en prive pas! L'adolescent voit rapidement les contradictions entre les valeurs dont se réclament ses parents en paroles et les gestes qu'ils posent. Prenant conscience des imperfections de ses parents, il se met à la recherche de héros, de modèles ou d'êtres idéaux. Par la suite, il critiquera aussi ces personnages qui se révéleront à leur tour imparfaits et il se créera un idéal bien à lui. Cet idéal sera plus ou moins réaliste, mais il lui permettra de se projeter dans l'avenir.

Votre jeune aimerait-il ressembler aux personnages suivants? Demandez-le lui.

	Oui	Non
Un(e) champion(ne) olympique	❏	❏
Un(e) chanteur(euse) «rock»	❏	❏
Un(e) joueur(euse) de hockey	❏	❏
Un(e) grand(e) humaniste	❏	❏
Un homme ou une femme d'affaires d'envergure	❏	❏
Un(e) premier(ère) ministre	❏	❏
Un(e) missionnaire	❏	❏
Un oncle ou une tante préféré(e)	❏	❏
Un(e) humoriste bien connu(e)	❏	❏
Autre	❏	❏

Si vous constatez que votre jeune a de la difficulté à répondre, aidez-le en lui disant quels étaient vos héros à l'époque de l'adolescence. Donnez à votre jeune le temps de réagir! Par la suite, demandez-lui de vous nommer deux (2) ou trois (3) personnages auxquels il voudrait ressembler plus tard et demandez-lui pourquoi.

Saviez-vous que...

◆ Selon Gérard Lutte, les qualités les plus recherchées par les jeunes sont l'autonomie, l'intelligence, la volonté et la confiance en soi. Ce sont justement ces qualités qui permettent une plus grande indépendance! Toutefois, garçons et filles ne s'identifient pas aux mêmes types de personnes. Les garçons prennent pour modèles des hommes de 25 à 30 ans qui ont réussi socialement et qui sont ambitieux, courageux et volontaire. Les filles, pour leur part, s'identifient à des femmes qui ont 19 ou 20 ans, qui sont libres, qui ont des professions qui leur permettent d'être en contact avec d'autres personnes et qui sont appréciées pour leur sensibilité, leur sociabilité et leur tolérance.

Dans votre famille ou autour de vous, observez-vous ces différences entre l'adolescent et l'adolescente?

....

Si oui, expliquez.

....

....

La société offre peu de modèles aux jeunes d'aujourd'hui! Aussi, il est intéressant de leur permettre de dresser une sorte de portrait idéal.

Demandez à votre jeune quel genre de personne il voudrait être plus tard.

Physiquement, j'aimerais ressembler à ....

J'aimerais avoir l'intelligence de ....

Je voudrais pouvoir faire comme ....

J'aimerais exercer le métier de ....

J'aimerais me comporter avec les autres comme ....

Finalement, la personne à qui je voudrais le plus ressembler c'est ....

Demandez à votre jeune de faire le jeu suivant avec vous ou avec ses amis.

À tour de rôle et le plus rapidement possible, chaque participant donne une qualité qu'il aimerait avoir.

Physiquement ....

Intellectuellement ....

Socialement ....

Humainement ....

Par la suite, chaque participant nomme les personnages qui possèdent, d'après lui, plusieurs de ces qualités.

....

....

....

Chaque participant nomme la personne qu'il admire le plus.

....

On trouve le nom du héros le plus populaire dans le groupe.

....

On trouve le nom de l'héroïne la plus populaire dans le groupe.

....

Saviez-vous que...

◆ Encore aujourd'hui, on constate que bien peu de modèles féminins sont offerts aux jeunes par les média, si on excepte les «sex symbol»!

La nécessité de «dé-idéaliser» les parents

Demandez à votre jeune d'indiquer ses cotes sur les échelles suivantes et, par la suite, discutez-en ensemble.

Cotez de 0 (pas du tout) à 5 (moyennement) à 10 (beaucoup).

Lorsque j'étais petit(e), je trouvais que ma mère était:

Forte

0	5	10

Riche

0	5	10

Belle

0	5	10

Généreusee

0	5	10

Gentille

0	5	10

Habile

0	5	10

Intelligente

0	5	10

Capable de dialoguer

0	5	10

Sensible

0	5	10

Sévère

0	5	10

Aimante

0	5	10

Sensuelle

0	5	10

Lorsque j'étais petit(e), je trouvais que mon père était:

Fort

0	5	10

Gentil

0	5	10

Beau

0	5	10

Intelligent

0	5	10

Sensible

0	5	10

Habile

0	5	10

Aimant

0	5	10

Capable de dialoguer

0	5	10

Riche

0	5	10

Sévère

0	5	10

Généreux

0	5	10

Sensuel

0	5	10

Aujourd'hui, je considère que ma mère est:

Forte

0	5	10

Riche

0	5	10

Belle

0	5	10

Généreuse

0	5	10

Gentille

0	5	10

Habile

0	5	10

Intelligente

0	5	10

Capable de dialoguer

0	5	10

Sensible

0	5	10

Sévère

0	5	10

Aimante

0	5	10

Sensuelle

0	5	10

Aujourd'hui, je considère que mon père est:

Fort

0	5	10

Riche

0	5	10

Beau

0	5	10

Généreux

0	5	10

Gentil

0	5	10

Habile

0	5	10

Intelligent

0	5	10

Capable de dialoguer

0	5	10

Sensible

0	5	10

Sévère

0	5	10

Aimant

0	5	10

Sensuel

0	5	10

Y a-t-il des différences entre la perception que tu avais de ta mère et de ton père lorsque tu étais petit(e) et celles que tu as aujourd'hui?

Oui ❏   Non ❏

Si oui, essaie de trouver les raisons de ce changement?

....

....

Peux-tu en parler avec tes parents?

....

....

Quelles sont les cinq (5) grandes qualités de ta mère que tu voudrais posséder?

....

....

....

....

....

Quelles sont les cinq (5) grandes qualités de ton père que tu voudrais posséder?

....

....

....

....

....

Ma mère est un modèle pour moi sur le plan de:

....

....

Mon père est un modèle pour moi sur le plan de:

....

....

Il n'est pas facile d'être un modèle pour votre adolescent(e). Car, mine de rien, votre jeune est toujours aux aguets!

Diriez-vous que vous êtes un modèle:

	Rarement (0 pt)	Parfois (3 pts)	Souvent (7 pts)	Toujours (10 pts)
D'honnêteté	☐	☐	☐	☐
D'intégrité	☐	☐	☐	☐
De patience	☐	☐	☐	☐
De créativité	☐	☐	☐	☐
De travail	☐	☐	☐	☐
De persévérance	☐	☐	☐	☐
De santé	☐	☐	☐	☐
De générosité	☐	☐	☐	☐
D'altruisme	☐	☐	☐	☐
De compréhension	☐	☐	☐	☐
D'esthétique	☐	☐	☐	☐
De douceur	☐	☐	☐	☐
De maîtrise de soi	☐	☐	☐	☐
De plaisir	☐	☐	☐	☐
De sociabilité	☐	☐	☐	☐
D'intelligence	☐	☐	☐	☐
De congruence	☐	☐	☐	☐
De sensualité	☐	☐	☐	☐

Total des points ☐

De 100 à 160 points: Vous êtes un modèle à suivre! Compte tenu du fait que la perfection est bien difficile à atteindre, faites attention de ne pas devenir pour votre jeune un idéal inaccessible. Montrez également vos faiblesses et n'hésitez pas à parler de vos erreurs!

De 70 à 100 points: Vous êtes un modèle à suivre dans différents domaines, mais vous ne l'êtes pas sur tous les plans! Si vous êtes capable de parler de vos faiblesses et si vous travaillez activement à vous améliorer, votre adolescent(e) désirera certainement vous ressembler, du moins en partie.

De 30 à 70 points: Vous n'êtes pas vraiment un modèle pour votre jeune! À cause de cela, votre adolescent(e) aura certaines difficultés à se projeter dans l'avenir. Dites-vous bien qu'il n'est jamais trop tard pour travailler sur soi!

Moins de 30 points: Vous ne pouvez pas actuellement servir de modèle à votre adolescent(e). Vous devriez aller chercher de l'aide pour vous. Une telle démarche permettra à votre jeune de croire en la possibilité de faire un travail sur soi!

Saviez-vous que...

◆ Il est tout à fait normal qu'un adolescent commence à critiquer ses parents et s'aperçoive qu'ils ont des lacunes. Mais cela est difficile à accepter, surtout pour les parents qui manquent de confiance en eux. Il faut bien se dire qu'un adolescent qui n'arrive pas à «dé-idéaliser» ses parents ne peut pas poursuivre son développement de façon harmonieuse. Il restera longtemps dépendant, sur le plan de l'estime de soi, de l'approbation des adultes qui sont en position d'autorité.

B. L'ADOLESCENT A BESOIN D'APPRENDRE À RÉSOUDRE SES PROBLÈMES

Saviez-vous que...

◆ De nos jours, l'adolescent est appelé à vivre dans un univers qui est en constante transformation. Il doit faire face activement à des problèmes nouveaux dont la complexité est toujours croissante. Il doit donc apprendre à rechercher et à trouver des solutions originales aux multiples problèmes qu'il rencontre quotidiennement. Les parents et les enseignants peuvent certainement l'aider à développer une pensée intelligente, efficace et créatrice.

Les stratégies face à une situation conflictuelle

Vous reconnaissez-vous dans les affirmations suivantes?
(✓cochez dans les cases de votre choix)

	M Oui	M Non	P Oui	P Non
1- J'ai tendance à fuir toutes les situations conflictuelles	❏	❏	❏	❏
2- Je retarde autant que possible la confrontation ouverte avec l'autre personne	❏	❏	❏	❏
3- J'affronte directement l'autre personne sur les problèmes qui sont à la base du conflit	❏	❏	❏	❏
4- J'évite certains types de conflits	❏	❏	❏	❏
5- Je tente constamment d'arranger les choses	❏	❏	❏	❏
6- J'utilise des stratégies de force (physique ou psychologique) afin d'avoir raison	❏	❏	❏	❏
7- Je réprime mes réactions émotives quand je me trouve dans des situations conflictuelles	❏	❏	❏	❏
8- J'ai tendance à vouloir calmer les esprits, au moins de façon temporaire	❏	❏	❏	❏

	M		P	
	Oui	Non	Oui	Non

9- J'utilise le chantage affectif et la menace pour parvenir à mes fins ☐ ☐ ☐ ☐

10- J'évite soigneusement tous les sujets brûlants ☐ ☐ ☐ ☐

11- J'atténue, de façon volontaire, les motifs qui ont engendré la situation conflictuelle ☐ ☐ ☐ ☐

12- Je crois qu'il y a toujours quelqu'un qui gagne et quelqu'un qui perd dans une situation conflictuelle ☐ ☐ ☐ ☐

13- Je concentre toute mon attention sur autre chose ☐ ☐ ☐ ☐

14- Je veux à tout prix éviter une confrontation ☐ ☐ ☐ ☐

15- En situation conflictuelle, je m'arrange toujours pour être dans le clan des gagnants ☐ ☐ ☐ ☐

16- J'ai tendance à fuir les situations intenables ☐ ☐ ☐ ☐

17- Je résous simplement quelques points de détail reliés au conflit ☐ ☐ ☐ ☐

18- En situation conflictuelle, je ressens généralement beaucoup d'hostilité envers l'autre ☐ ☐ ☐ ☐

19- Je crois que je n'ai pas les ressources suffisantes pour m'adapter aux situations difficiles ☐ ☐ ☐ ☐

20- Je retarde le plus possible la discussion sur le fond du problème ☐ ☐ ☐ ☐

21- J'élabore patiemment des stratégies efficaces pour arriver à mes fins ☐ ☐ ☐ ☐

22- Je suis très insatisfait(e) de moi dans les situations conflictuelles ☐ ☐ ☐ ☐

23- Je suis insatisfait(e) de mon attitude et de mes réactions en face d'une situation conflictuelle ☐ ☐ ☐ ☐

24- Je me sens humilié(e) lorsque je dois donner raison à l'autre ☐ ☐ ☐ ☐

25- J'ai toujours les mêmes peurs et les mêmes appréhensions en face d'un conflit ☐ ☐ ☐ ☐

26- Je suis généralement anxieux(euse) face à une situation conflictuelle ☐ ☐ ☐ ☐

27- J'éprouve un fort sentiment de vengeance lorsque je suis dans la position de perdant(e) ☐ ☐ ☐ ☐

Type A: Si vous avez répondu OUI aux affirmations 1, 4, 7, 10, 13, 16, 19, 22 et 25, vous êtes du type A, c'est-à-dire que vous avez tendance à utiliser les *stratégies de fuite* pour faire face à une situation conflictuelle. Dans un certain nombre de cas, les réactions de fuite peuvent être salutaires. Mais, en général, une personne n'est pas très satisfaite d'elle-même lorsqu'elle utilise constamment ce type de stratégies. Elle a les mêmes peurs et les mêmes appréhensions dès qu'elle se retrouve dans des situations analogues.

Type B: Si vous avez répondu OUI aux affirmations 2, 5, 8, 11, 14, 17, 20, 23 et 26, vous êtes du type B, c'est-à-dire que vous avez tendance à utiliser les *stratégies d'adoucissement* afin de minimiser les effets d'une situation conflictuelle. Ces stratégies ont uniquement pour but de retarder une confrontation ouverte avec l'autre personne. De cette façon, on résout quelques détails, mais on évite surtout d'ouvrir la discussion sur le fond du problème. Ce type de stratégies est utile lorsqu'il est possible de retarder la confrontation, mais il laisse souvent la personne insatisfaite d'elle-même et anxieuse face à l'avenir.

Type C: Si vous avez répondu OUI aux affirmations 3, 6, 9, 12, 15, 18, 21, 24 et 27, vous êtes du type C, c'est-à-dire que vous avez tendance à utiliser les *stratégies de confrontation* pour faire face à une situation conflictuelle. En utilisant ce type de stratégies, vous vous placez dans une situation où il y a toujours un gagnant et un perdant. Ces stratégies sont très efficaces, mais à condition d'être du côté des vainqueurs. Lorsqu'on est du côté des perdants, on vit plutôt l'expérience de l'humiliation, de l'hostilité refoulée et des blessures physiques ou morales.

Vous venez probablement de découvrir que vous appartenez «majoritairement» à un des trois (3) types, mais que vous utilisez également les autres types de stratégies dans votre vie de tous les jours quand vous faites face à des situations conflictuelles. Cela est tout à fait normal!

Proposez maintenant à votre jeune de faire l'exercice précédent. Une fois l'exercice complété, trouvez ensemble à quel type de stratégies il fait le plus souvent appel et, par la suite, comparez ses résultats avec les vôtres.

(✓cochez dans les cases de votre choix)

Père: Type A ❑ Type B ❑ Type C ❑

Mère: Type A ❑ Type B ❑ Type C ❑

Ado: Type A ❑ Type B ❑ Type C ❑

Tentez maintenant de décrire ce que vous avez en commun dans vos façons de faire face à des situations conflictuelles ou en quoi vos stratégies sont plutôt différentes.

....

....

....

....

Saviez-vous que...

◆ Dans l'esprit de la coopération, on définit le conflit comme étant un problème mutuel à régler en collaboration. La coopération met en valeur la légitimité des intérêts de chacun et la nécessité de trouver une solution qui réponde aux besoins de chacun.

Morton Deutsch

La négociation: une stratégie de résolution de problèmes constructive et pacifique

- Le but de la négociation est de permettre la résolution pacifique du problème grâce à un compromis ou à une solution qui satisfait les deux parties dans une certaine mesure.

- Parmi les stratégies de résolution de problèmes, la négociation est celle qui est la plus constructive, la plus pacifique et dont les conséquences sont les moins négatives.

- La négociation est un art qui a ses propres règles. Ces règles doivent être apprises et mises en pratique chaque jour. Personne ne vient au monde en étant capable de négocier. C'est plutôt une habileté qui se développe progressivement au long de la vie.

- Il n'y a ni gagnant ni perdant quand on utilise des stratégies de négociation.

SAVEZ-VOUS COMMENT NÉGOCIER?

Dans un premier temps, faites l'exercice individuellement, puis échangez tous les trois (père, mère et ado).

Répondez aux énoncés suivants:
(✓ cochez dans les cases de votre choix)

	Un peu (1pt)			Moyennement (5 pts)			Beaucoup (10pts)		
	M	P	A	M	P	A	M	P	A
Je suis capable de déterminer la nature des conflits (touchant aux routines, aux règles, aux attitudes aux valeurs)	☐	☐	☐	☐	☐	☐	☐	☐	☐
Je suis capable de prendre l'initiative d'ouvrir le dialogue	☐	☐	☐	☐	☐	☐	☐	☐	☐
Je suis capable d'écouter et de comprendre le point de vue de l'autre	☐	☐	☐	☐	☐	☐	☐	☐	☐
Je suis capable d'adopter une position d'ouverture, de reflet et d'écoute attentive de l'autre	☐	☐	☐	☐	☐	☐	☐	☐	☐
Je suis capable d'affirmer mon propre point de vue de façon articulée	☐	☐	☐	☐	☐	☐	☐	☐	☐
Je suis capable d'éviter de porter des jugements négatifs sur l'autre personne	☐	☐	☐	☐	☐	☐	☐	☐	☐
Je suis capable de centrer mon attention sur la recherche de résultats tangibles	☐	☐	☐	☐	☐	☐	☐	☐	☐
Je suis capable d'utiliser le processus de résolution de problèmes	☐	☐	☐	☐	☐	☐	☐	☐	☐
Je suis capable de clarifier le problème rencontré	☐	☐	☐	☐	☐	☐	☐	☐	☐
Je suis capable de percevoir la position de chacun sur ce problème	☐	☐	☐	☐	☐	☐	☐	☐	☐
Je suis capable d'apporter plusieurs alternatives comme solutions au problème rencontré	☐	☐	☐	☐	☐	☐	☐	☐	☐
Je suis capable d'évaluer quelle est la solution la plus pertinente pour régler le conflit	☐	☐	☐	☐	☐	☐	☐	☐	☐
Je suis capable de décider avec l'autre de la solution retenue	☐	☐	☐	☐	☐	☐	☐	☐	☐

	Un peu (1pt)			Moyennement (5 pts)			Beaucoup (10pts)		
	M	P	A	M	P	A	M	P	A
Je suis capable de décider de la mise en application de la solution (comment et quand?)	☐	☐	☐	☐	☐	☐	☐	☐	☐
Je suis capable, après un certain temps, de faire le suivi et l'évaluation de la solution retenue	☐	☐	☐	☐	☐	☐	☐	☐	☐
Je suis capable de reprendre le processus de négociation si la solution choisie ne s'avère pas valable	☐	☐	☐	☐	☐	☐	☐	☐	☐

	M	P	A
Total des points	☐	☐	☐

De 110 à 160 points: Votre capacité de faire face aux oppositions et de résoudre les conflits avec les autres est certainement l'une de vos qualités personnelles les plus importantes. Vous avez appris à négocier et à susciter la coopération dans la recherche de solutions pacifiques aux inévitables conflits qui peuplent la vie quotidienne. Bravo pour cette ouverture du cœur!

De 50 à 110 points: Vous savez très bien que les conflits sont inévitables et qu'ils sont même quelquefois des facteurs de progrès et d'évolution. Toutefois, vous tentez parfois de les éviter, de les minimiser ou de les supprimer. Au contraire, faites face à ces conflits de façon constructive. La négociation est la stratégie de résolution de problèmes la plus pacifique et la plus efficace. Apprenez à vous en servir, vous découvrirez que cela fait toute la différence!

Moins de 50 points: Vous vivez les situations conflictuelles comme des attaques personnelles. Chaque conflit soulève en vous soit la rivalité, soit la compétition. Il vous semble que la solution à un conflit ne peut être qu'imposée par l'une ou l'autre des parties ou ne se faire que par le recours à une force supérieure, à la ruse ou à la tromperie. La capacité de résoudre les conflits, comme toutes les habiletés humaines, peut être développée. Vous auriez avantage à la pratiquer. La qualité de vos relations avec les autres en dépend grandement. Bon travail!

Saviez-vous que...

◆ L'adolescent doit apprendre à réfléchir par lui-même. Il doit apprendre à penser de façon autonome plutôt qu'à répéter les informations reçues ou à reproduire la gamme des solutions toutes faites qui ont été imaginées par ses parents et ses enseignants.

◆ Dans sa quête d'identité et d'autonomie, il ne fait aucun doute que l'adolescent doit être soutenu et aidé.

◆ Le rôle du parent est d'aider l'adolescent à prendre conscience des mobiles qui le font agir. C'est aussi de l'amener à réfléchir aux conséquences qui découlent de ses actes.

RÉSOUDRE UN PROBLÈME RÉEL PAR LA NÉGOCIATION D'UNE ENTENTE MUTUELLE

Pensez ensemble (adultes et ado) à un conflit réel que vous vivez actuellement dans vos relations communes.

Avez-vous réellement envie de négocier une solution constructive et pacifique à ce conflit?

P	M	A
Oui ☐ Non ☐	Oui ☐ Non ☐	Oui ☐ Non ☐

Si c'est OUI, répondez ensemble aux questions suivantes de la manière la plus claire possible.

Étape 1   **Identifiez le problème**
....

Tentez d'abord de mieux saisir la situation conflictuelle, c'est-à-dire le malaise ou le besoin exprimé par chacun.

Décrivez le problème.

....

....

....

Étape 2   Énumérez toutes les solutions possibles

Tentez de préciser ce que vous désirez exactement. Faites état de toutes vos attentes, de toutes vos aspirations et énumérez toutes les solutions qui pourraient régler ce conflit.

Quelles sont les solutions possibles à ce conflit?

....

....

....

Étape 3   Évaluez le pertinence de chaque solution

Problème (Ce que vous avez écrit à l'étape 1)	Solutions retenues	Résultats anticipés
_____	1- _____	1- _____
_____	2- _____	2- _____
_____	3- _____	3- _____
_____	4- _____	4- _____
_____	5- _____	5- _____

Étape 4   Prenez une décision commune

Quelle est la solution qui vous apparaît maintenant la plus susceptible de régler le conflit?

Mère ....

Père ....

Ado ....

Est-ce qu'il s'agit de la même solution pour tous?

Oui ☐ Passez à l'étape 5

Non ☐ Poursuivez la négociation et décidez ensemble d'une solution constructive pour tous

Quelle est cette solution?

....

....

Étape 5   **Appliquez la solution retenue**

Vous en arrivez maintenant à appliquer la solution. Qui va faire quoi? Comment? Quand? Etc.

Dites ce qu'on attend de chacun au moment de l'application de la solution retenue (attitudes, comportements, etc.).

On attend de la mère: ....

On attend du père: ....

On attend de l'ado: ....

Étape 6   **Évaluez les résultats de l'entente négociée**

Dans une dernière étape, vous repensez à la façon dont les choses se sont déroulées en vous posant les questions suivantes.

Est-ce que tout a bien fonctionné?

....

....

Est-ce que les participants à cette négociation sont tous satisfaits?

....

....

....

Est-ce que la situation conflictuelle s'est résorbée depuis l'application de la solution retenue?

....

....

Y a-t-il des correctifs à apporter afin que la situation soit encore plus claire?

....

....

....

La négociation de la situation conflictuelle est terminée. Étape par étape, vous avez traversé le «processus de résolution de problèmes». En revenant en arrière, vous constaterez que ce processus comporte six (6) grands moments.

1- Identification du problème

2- Énumération de toutes les solutions possibles

3- Évaluation de la pertinence de chaque solution

4- Prise de décision commune

5- Application de la solution retenue

6- Évaluation des résultats de l'entente négociée

Saviez-vous que...

◆ Il ne fait aucun doute que l'adolescent est fréquemment amené à faire des raisonnements au cours de ses activités scolaires. Mais il y aurait intérêt à le pousser davantage à réfléchir de manière plus consciente et plus systématique et à lui permettre ainsi d'acquérir une méthode générale de travail intellectuel, c'est-à-dire une méthode susceptible de s'appliquer à tous les problèmes de la vie quotidienne.

C.   L'ADOLESCENT A BESOIN DE VIVRE DU SUCCÈS

Une bonne estime de soi suppose une connaissance de ses habiletés, de ses qualités et de ses talents. Cela permet de prendre les moyens nécessaires pour poursuivre ses buts personnels et cela s'avère indispensable pour avoir du succès dans ce qu'on entreprend.

Toute personne peut atteindre ses buts si ceux-ci sont clairs, accessibles et réalistes, et si elle adopte également des attitudes positives et des stratégies efficaces.

Saviez-vous que...

◆ L'adolescent fait face à plusieurs défis et ceux de la vie scolaire ne sont pas les moindres. Nous vivons, en effet, dans une société où la compétition est érigée en système et où le culte de l'élitisme prend de plus en plus de place. On accorde beaucoup d'importance aux notes et, selon cette logique, «les plus forts» peuvent plus facilement opter pour la carrière de leur choix.

Des buts à poursuivre

Il est important d'échanger avec votre jeune sur les buts qu'il poursuit à court, moyen et long terme afin de l'aider dans son cheminement scolaire.

J'invite mon ado à préciser ses objectifs.
(✓ cochez dans les cases de votre choix)

Je désire:

	Oui	Non
Terminer mon cours secondaire	❏	❏
Obtenir les meilleures notes de la classe	❏	❏
Obtenir de bonnes notes	❏	❏
Réussir tous les cours peu importe les notes	❏	❏

	Oui	Non
Terminer des études collégiales	❑	❑
Terminer des études universitaires	❑	❑

Estimez-vous que les objectifs de votre jeune sont réalistes?

Oui ❑   Non ❑

Pourquoi?

....

....

Est-ce que votre jeune considère que ses objectifs sont réalistes?

Oui ❑   Non ❑

Pourquoi?

....

....

Croyez-vous que ses ambitions sont conformes à ses capacités?

Oui ❑   Non ❑

Pourquoi?

....

....

Est-ce que votre jeune considère que ses ambitions sont conformes à ses capacités?

Oui ❑   Non ❑

Pourquoi?

....

....

Discutez librement avec votre jeune de ses ambitions, de ses objectifs et de ses capacités sans porter de jugement et surtout sans imposer vos propres attentes. Il importe d'abord que vous lui fassiez savoir qu'il possède des habiletés, des qualités et des talents dont il peut se servir pour relever de nombreux défis. Ne manquez pas de lui dire également qu'il rencontrera bien des difficultés et des obstacles sur son chemin!

Tout adolescent est appelé à faire des choix qui influenceront sa vie future, en particulier sur le plan professionnel. Il est donc important que chaque jeune ait une perspective d'avenir. Pour cela, l'adolescent doit apprendre à se définir par rapport à des champs d'activités dans lesquels il pourrait exercer ses talents à l'âge adulte.

J'invite mon ado à évaluer sa motivation à l'égard de champs d'activités ou de domaines dans lesquels il pourrait travailler plus tard.
(✓cochez dans les cases de votre choix)

Je qualifie ma motivation à l'égard du domaine:

	Pauvre	Bonne	Très bonne	Excellente
Artistique (art dramatique, art visuel, musique, photographie, etc.)	❏	❏	❏	❏
De l'administration et des affaires (vente, finances, assurances, etc.)	❏	❏	❏	❏
Des communications (journalisme, relations publiques, etc.)	❏	❏	❏	❏
De l'éducation (enseignement, orthopédagogie, etc.)	❏	❏	❏	❏
Littéraire (écriture, traduction, bibliothéconomie, etc.)	❏	❏	❏	❏
Des relations humaines (psychologie, travail social, orientation, etc.)	❏	❏	❏	❏
De la santé (médecine, soins infirmiers, physiothérapie, ergothérapie, orthophonie, etc.)	❏	❏	❏	❏
Scientifique (génie, chimie, biologie, etc.)	❏	❏	❏	❏
Technique (électricité, menuiserie, plomberie, informatique, etc.)	❏	❏	❏	❏
Du travail de bureau (tenue de livre, secrétariat, archives, etc.)	❏	❏	❏	❏

Est-ce que le choix de votre jeune qui se dégage de l'exercice précédent vous paraît réaliste?

Oui ❏   Non ❏

Pourquoi?

....

....

Est-ce que votre jeune considère que son choix est réaliste?

        Oui ❑   Non ❑

Pourquoi?

....

....

Estimez -vous que ses préférences concordent avec ses capacités?

        Oui ❑   Non ❑

Pourquoi?

....

....

Est-ce que votre jeune considère que son choix concorde avec ses capacités?

        Oui ❑   Non ❑

Pourquoi?

....

....

Il est très important de discuter avec votre jeune de ses motivations. Il faut également lui souligner, à l'aide d'exemples concrets, les intérêts, les habiletés et les talents qu'il a manifestés au cours de son enfance et dont il fait encore preuve dans la vie de tous les jours.

Par contre, votre jeune doit comprendre que la réalisation de ses ambitions sera le fruit d'une longue démarche d'apprentissage. Ce n'est qu'après avoir franchi plusieurs étapes et atteint des objectifs transitoires (à court et à moyen termes) qu'il parviendra à son but.

Le processus d'apprentissage

L'atteinte d'un objectif ne relève pas de la magie. L'adolescent doit comprendre que le résultat qu'il obtient (succès ou échec) est la suite logique et causale (de cause à effet) de ses attitudes (motivation, autonomie) et des stratégies qu'il utilise.

ATTITUDES	+	STRATÉGIES	=	RÉSULTATS
(motivation, autonomie)	+	(façons de faire)	=	(résultats positifs ou négatifs)

Les parents ont un rôle important à jouer pour faire comprendre à l'adolescent que sa valeur comme personne n'est pas remise en cause lorsqu'il obtient un résultat négatif ou lorsqu'il n'atteint pas l'objectif qu'il s'était fixé. Ce sont plutôt l'attitude et les moyens employés qui doivent être remis en question!

Soulignons, à cet égard, que l'adolescent doit être conscient qu'un bon rendement scolaire est affaire de motivation, d'autonomie et de méthode de travail bien davantage que de potentiel intellectuel. Il s'ensuit que les parents doivent accorder plus d'importance au processus d'apprentissage qu'aux résultats. Dans cette perspective, ils doivent aider leur jeune à évaluer, après coup, les attitudes et les moyens qui l'ont conduit à un certain résultat et, notamment, à un échec. De cette façon, l'adolescent pourra se rendre compte qu'il n'était pas suffisamment motivé ou qu'il n'avait pas choisi les bons moyens pour atteindre son objectif. Il pourra se rendre compte également qu'il peut contrôler lui-même ses apprentissages en corrigeant ou en ajustant ses attitudes et ses moyens.

Accepter ses erreurs

L'erreur joue un rôle important dans le processus d'apprentissage. Lorsque l'adolescent est conscient des erreurs qu'il commet, il peut éviter de les répéter en modifiant les stratégies qu'il utilise pour atteindre ses objectifs. De cette façon, il peut connaître du succès et se sentir efficace.

Pour que l'adolescent accepte de faire des erreurs, il faut que les parents témoignent eux-mêmes de leur capacité d'accepter leurs propres erreurs.

Vérifiez votre propre capacité d'admettre vos erreurs.
(✓ cochez dans les cases de votre choix)

Lorsque je fais une erreur,
j'ai tendance à:

	Toujours (10 pts)	Souvent (7 pts)	Parfois (3 pts)	Rarement (0 pt)
La nier	❏	❏	❏	❏
La camoufler	❏	❏	❏	❏
Tenir les autres responsables ou blâmer les circonstances	❏	❏	❏	❏
Me fâcher contre moi-même	❏	❏	❏	❏
Me dévaloriser	❏	❏	❏	❏
Être anxieux(ieuse)	❏	❏	❏	❏
Être tendu(e) et perfectionniste	❏	❏	❏	❏
Craindre les réactions des autres	❏	❏	❏	❏
Voir l'erreur comme un échec	❏	❏	❏	❏
Abandonner l'activité	❏	❏	❏	❏

Total des points ❏

De 80 à 100 points: Vous ne tolérez pas l'erreur. Vos attitudes favorisent chez votre ado soit du perfectionnisme, soit du découragement. Vous auriez intérêt à diminuer vos exigences envers vous-même et envers votre jeune. Le désir e perfection demande trop d'énergie et provoque trop de stress.

De 50 à 80 points: Votre attitude face à l'erreur est ambivalente. Dans certains domaines, vous acceptez l'erreur alors que dans d'autres vous êtes plus exigeant(e). Vous accordez-vous vraiment le droit à l'erreur? Accordez-vous ce même droit à votre ado?

Moins de 50 points: Vous acceptez facilement l'erreur. En cherchant également des stratégies pour la reconnaître et la corriger, vous contribuez à diminuer le stress. Vous aidez votre jeune à se prendre en main et à se percevoir positivement.

Demandez à votre jeune de faire cet exercice à son tour, puis discutez-en ensemble. Il est possible que ses réactions face à l'erreur soient semblables aux vôtres. Ce ne serait pas un hasard! En effet, quand les parents acceptent leurs erreurs et quand ils réussissent à en faire part à leur jeune, celui-ci a plus de facilité à admettre les siennes et à les corriger.

Grâce à leurs parents et à leur attitude face à l'erreur, les adolescents peuvent se rendre compte que les erreurs qu'ils commettent ne remettent pas en cause leur estime d'eux-mêmes. Cela est important, car l'estime de soi et la motivation sont à la base de tout processus d'apprentissage.

Favoriser la motivation de mon adolescent

La motivation constitue l'énergie interne de tout apprentissage. Elle est à la base de l'engagement et de la persévérance dans les activités. Nombreux sont les parents qui aimeraient faire une injection magique de motivation à leur adolescent. Cela est évidemment impossible et il vaut mieux compter sur l'effet de contagion. Par exemple, des parents qui lisent rarement, qui n'ont pas de vie intellectuelle ou qui ne s'intéressent pas à la vie scolaire de leur adolescent ne peuvent pas l'amener à s'intéresser à des activités scolaires ou intellectuelles.

Il est important d'aider votre adolescent à évaluer son niveau de motivation pour chacune des matières scolaires.

J'invite mon ado à évaluer sa motivation scolaire.

Je qualifie ma motivation en:

	Pauvre	Bonne	Très bonne	Excellente
Français	❏	❏	❏	❏
Mathématiques	❏	❏	❏	❏
Anglais	❏	❏	❏	❏
Sciences	❏	❏	❏	❏
Écologie	❏	❏	❏	❏
Histoire	❏	❏	❏	❏
Géographie	❏	❏	❏	❏
Arts	❏	❏	❏	❏
Éducation physique	❏	❏	❏	❏
Formation personnelle et sociale	❏	❏	❏	❏
Catéchèse ou éducation morale	❏	❏	❏	❏

Si votre adolescent a une faible motivation dans l'une ou l'autre de ces matières, discutez-en librement avec lui en vous inspirant de quelques conseils.

• Aidez-le à parler de la qualité de la relation qu'il vit avec l'enseignant qui dispense la matière scolaire pour laquelle il est peu motivé. S'il a une relation difficile avec cet enseignant, aidez-le à trouver des moyens pour l'améliorer;

- si le conflit relationnel persiste, encouragez-le à trouver des stratégies personnelles qui vont lui éviter d'être pénalisé par ce conflit;

- ne le culpabilisez pas et ne lui faites pas de remontrances;

- faites-lui préciser ce qu'il n'aime pas dans la matière pour laquelle il est peu motivé;

- aidez-le à trouver des moyens pour qu'il éprouve plus de plaisir avec cette matière scolaire.

Saviez-vous que...

◆ Le problème de motivation de votre jeune peut être consécutif à des difficultés d'apprentissage qu'il vit depuis longtemps. Il se peut qu'il vive un sentiment d'impuissance et de pessimisme face à l'avenir.

◆ Notre expérience nous montre que la majorité des jeunes qui vivent des difficultés persistantes dans les apprentissages scolaires se débrouillent bien dans la vie. Nous avons relevé deux (2) constantes chez ces jeunes: d'abord, leurs parents ont toujours cru qu'ils finiraient par bien se débrouiller dans la vie malgré leurs problèmes d'apprentissage et, ensuite, chacun d'eux a connu un enseignant significatif qui a cru en ses capacités et qui l'a aidé.

◆ Il est important de transmettre les valeurs suivantes à tout adolescent:

- le rendement scolaire n'est pas déterminé seulement par l'intelligence;

- le plus important est le plaisir qu'on éprouve durant les activités scolaires;

- les habiletés et connaissances scolaires sont utiles pour sa vie actuelle et future (il est important de donner des exemples concrets de l'utilité des apprentissages);

- le rendement scolaire est une conséquence logique des attitudes ainsi que des stratégies adoptées et chacun peut exercer un pouvoir là-dessus.

Favoriser l'autonomie scolaire et les stratégies d'apprentissage de mon adolescent

L'adolescent est appelé à faire des choix dans sa vie scolaire. La capacité de choisir et d'assumer les conséquences (positives ou négatives) de ses choix est à la base de l'autonomie et du sens de la responsabilité scolaire. Il est important que les parents favorisent cette autonomie et ce sens des responsabilités.

J'invite mon ado à évaluer son autonomie scolaire.
(✓cochez dans les cases de votre choix)

	Toujours (10 pts)	Souvent (7 pts)	Parfois (3 pts)	Rarement (0 pt)
Je prend note des travaux scolaires à effectuer	❑	❑	❑	❑
Je n'oublie pas les livres et les cahiers nécessaires pour effectuer mes travaux	❑	❑	❑	❑
J'exécute mes travaux dans un endroit approprié ou quand les circonstances s'y prêtent bien	❑	❑	❑	❑
Je fais mes travaux quand c'est le temps	❑	❑	❑	❑
J'évalue bien l'ampleur et la durée des travaux	❑	❑	❑	❑
J'évite de les faire à la dernière minute	❑	❑	❑	❑
Je demande de l'aide à l'occasion	❑	❑	❑	❑
J'ai une méthode de travail efficace	❑	❑	❑	❑
J'essaie d'autres moyens ou stratégies à la suite d'une erreur	❑	❑	❑	❑
Je persiste dans mes efforts malgré un échec	❑	❑	❑	❑
Je révise après coup mes travaux	❑	❑	❑	❑

Total des points ❑

De 80 à 100 points: Votre ado fait preuve d'une grande autonomie scolaire. N'oubliez pas de souligner régulièrement ses gestes d'autonomie.

De 50 à 80 points: Votre ado fait preuve d'une certaine autonomie scolaire. Examinez ensemble les éléments sur lesquels il faut travailler et encouragez votre jeune à s'organiser. Mais ne le faites pas à sa place. Félicitez votre ado régulièrement lorsqu'il ou elle fait preuve d'autonomie.

Moins de 50 points: Votre ado est plutôt dépendant(e) et n'assume pas sa responsabilité scolaire. Il serait opportun de consulter des intervenants scolaires ou des professionnels qui sont étrangers à l'école pour l'aider à se motiver et à prendre en charge ses travaux scolaires. À l'adolescence, les parents sont arement les mieux placés pour faire ce travail.

Discutez avec votre jeune de la qualité de son sens des responsabilités scolaires. Soulignez les points positifs qu'il manifeste et aidez-le à trouver des moyens concrets pour améliorer son autonomie.

Saviez-vous que...

◆ Il faut aider l'adolescent à découvrir et à appliquer des stratégies d'apprentissage efficaces. Par exemple, pour résoudre un problème mathématique, l'adolescent doit toujours se poser les questions suivantes:

- ce que je sais (les données du problème);
- ce que je cherche (la compréhension de la question);
- ce que je fais (les opérations nécessaires et l'ordre des opérations à réaliser pour résoudre le problème).

Dans la poursuite des objectifs, des stratégies pertinentes et une bonne méthode de travail sont essentielles. Ainsi, dans la planification d'un travail à remettre ou d'un examen à préparer, l'adolescent doit s'attarder aux points suivants:

• bien comprendre l'objectif à atteindre;

• prévoir la succession des étapes à franchir pour terminer le travail ou pour préparer l'examen;

• prévoir la durée de chacune des étapes en fonction de l'échéance afin d'éviter de travailler ou d'étudier à la dernière minute;

• prévoir les moyens ou les stratégies à utiliser au cours de chacune des étapes (les parents doivent l'aider à les trouver et peuvent même lui en suggérer s'il en fait la demande);

• prévoir une étape d'autocorrection à la fin du travail.

Les parents doivent aider l'adolescent à devenir responsable de sa vie scolaire, mais sans le diriger. Car la responsabilité scolaire, c'est son affaire!

167

Rappelez-vous!

◆ L'adolescent a besoin de modèles pour se projeter dans l'avenir. Or, à l'adolescence, les parents sont perçus de plus en plus de façon réaliste, c'est-à-dire avec leurs qualités et leurs défauts. Le jeune se tourne donc vers des vedettes ou vers des personnages extraordinaires qui deviennent ses héros. Les parents ne doivent pas critiquer sans cesse ces héros, mais plutôt aider leur jeune à se forger un idéal personnel à partir des qualités réelles ou imaginaires qu'il admire tant.

◆ Les parents doivent affirmer leurs valeurs et tenter de leur être fidèles dans leurs comportements. L'adolescent, même s'il ne le dit pas ouvertement, aime prendre pour modèle un parent intègre. Il est toutefois très sensible aux contradictions qui existent entre les paroles et les gestes!

◆ L'adolescent doit apprendre à faire face à ses problèmes et à les résoudre. Il doit prendre conscience que le règlement d'un problème ne se trouve ni dans la fuite, ni dans la négation ou la confrontation stérile. Reste donc la négociation! Les parents peuvent aider l'adolescent à résoudre ses problèmes par la négociation constructive et pacifique.

◆ L'adolescent doit vivre du succès pour en arriver à s'estimer et, pour cela, il doit être motivé. Or, la motivation naît du délai qu'il y a entre l'expression d'un désir et sa satisfaction. Il ne faut donc pas donner «tout cuit dans le bec» à son adolescent, mais l'aider à s'impliquer de façon libre et réfléchie.

◆ L'autonomie est aussi un facteur essentiel qui contribue au succès. L'autonomie, ça s'apprend! Il en va de même de l'organisation et des méthodes de travail.

◆ L'adolescent doit en arriver à comprendre que sa valeur comme personne n'est pas remise en cause à chaque fois qu'il commet une erreur. Ce sont plutôt ses stratégies qui s'avèrent inadéquates. Chaque résultat obtenu est la conséquence logique des moyens mis en place. Une erreur doit donc amener un changement de stratégie et d'attitude. Les parents doivent aider leur jeune à voir l'erreur comme un processus d'apprentissage et non comme un échec.

Auto-évaluation

(✓cochez dans les cases de votre choix)

	Toujours	Souvent	Parfois	Rarement
Est-ce que je m'informe sur les personnages que mon ado admire le plus?	❑	❑	❑	❑
Est-ce que je comprends le besoin qu'a mon ado de me critiquer?	❑	❑	❑	❑
Est-ce que je sais à quel genre de personnes mon ado voudrait ressembler plus tard?	❑	❑	❑	❑
Est-ce que je suis en mesure de l'aider à résoudre ses conflits de façon pacifique et constructive?	❑	❑	❑	❑
Est-ce que je cherche à négocier lorsque je suis en conflit avec mon ado?	❑	❑	❑	❑
Est-ce que je cherche à l'aider à réfléchir par lui-même ou par elle-même?	❑	❑	❑	❑
Est-ce que je l'encourage à se donner des buts réalistes au plan scolaire, et ce en relation avec le domaine professionnel qui l'intéresse?	❑	❑	❑	❑
Est-ce que je lui reconnais le droit à l'erreur?	❑	❑	❑	❑
Est-ce que je soutiens sa motivation?	❑	❑	❑	❑
Est-ce que je peux l'aider à acquérir de bonnes stratégies d'apprentissage?	❑	❑	❑	❑

Si vous répondez *parfois* ou *rarement* à plusieurs de ces questions, cherchez, parmi les exercices des pages précédentes, ceux qui pourraient vous aidez à améliorer votre relation avec votre jeune.

Attitudes à maintenir ....

....

....

Attitudes à développer ....

....

....

Exercices choisis ....

....

....

169

CONCLUSION

L'adolescence est une période charnière qui provoque des bouleversements physiques, psychologiques et sociaux d'une grande complexité. C'est également une phase de la vie qui entraîne des changements majeurs dans la vie des parents et des adultes qui côtoient les adolescents.

Les jeunes, sous des allures bourrues et des airs d'indépendance, sont extrêmement sensibles aux paroles que nous leur adressons et aux gestes que nous posons à leur égard. Nous connaissons bien cette grande sensibilité, et les attitudes des adultes nous sont aussi familières. Qui ne se souvient pas, en effet, d'avoir vécu de grandes joies, de grandes peines et de grandes colères à cet âge? Qui n'a pas le souvenir d'un adulte qui, ne portant attention qu'aux apparences, critiquait notre allure physique, nos idées ou encore nos émotions parfois excessives? Qui ne souvient pas d'un autre adulte, négatif et craintif celui-là, qui nous décourageait et nous dévalorisait? Mais qui n'a pas gardé en mémoire également l'image d'un adulte (parent, enseignant ou éducateur) qui croyait en nous et qui nous épaulait?

L'estime de soi est à la base de toute stratégie visant à prévenir chez les adolescents de nombreux problèmes de comportement et d'apprentissage. Il va de soi que tout parent doit en favoriser le développement.

Faire vivre un sentiment de confiance à l'adolescent: telle est la première tâche qui incombe aux parents et aux éducateurs. Pour cela, il faut croire en lui, favoriser sa participation à l'élaboration des règles qui le concernent et l'aider à reconnaître et à gérer son stress. Cet acquis permettra à l'adolescent de vivre un sentiment de sécurité intérieure qui sera propice à une bonne estime de soi.

Il faut, en second lieu, **aider l'adolescent à se connaître** afin qu'il puisse s'apprécier lui-même. Pour cela, il importe de mettre ses forces en évidence et de lui faire voir ses vulnérabilités tout en ménageant sa fierté. Les parents doivent aussi reconnaître que leur adolescent a des besoins spécifiques: se séparer d'eux, s'affirmer et devenir autonome tout en se sentant aimé, apprécié, écouté, compris et respecté. Tout un programme en perspective!

Mais cela n'est pas suffisant. **L'adolescent a aussi besoin d'apprendre à vivre en groupe et en société.** Cet apprentissage se fait au sein de la famille, dans le groupe d'amis et dans le milieu scolaire. Le jeune doit d'abord apprendre à participer et, ensuite, à coopérer. Cet apprentissage rehausse l'estime qu'il a de lui-même et lui permet de trouver la place qui lui revient dans la société.

Finalement, l'adolescent ne peut développer une bonne estime de soi s'il ne vit pas régulièrement **du succès dans ses entreprises,** que ce soit dans ses activités sportives ou de loisir, dans sa vie amoureuse, avec ses amis et à l'école. Pour arriver à connaître du succès, le jeune doit avoir le droit de commettre des erreurs et il doit pouvoir les considérer comme des occasions d'essayer de nouvelles stratégies qui lui permettront de réussir dans la vie et de réussir sa vie.

Pour pouvoir se projeter dans l'avenir ou dans sa vie future, l'adolescent a besoin d'avoir des modèles qui lui donnent le goût d'avancer et de résoudre chaque jour ses problèmes de façon pacifique et constructive. Les parents peuvent servir de modèles s'ils sont fidèles à leurs propres valeurs, mais cela n'est pas suffisant. Car l'adolescent a besoin de les «dé-idéaliser» pour devenir indépendant. Et il se tourne alors vers des personnages qui représentent des valeurs nouvelles et emballantes.

Toutefois, les parents restent les mieux placés pour aider leur adolescent à développer, à conserver et à consolider une bonne estime de soi. Leur tâche est particulièrement importante quand les nuages s'accumulent ou quand la déprime et le découragement s'insinuent. Dans ces moments, ce sont eux qui deviennent les garants des forces vives de leur adolescent. Ne cessant jamais de croire en leur fille ou en leur garçon, ils l'aident à conserver comme bagage cette estime de soi qui lui permettra de traverser la vie de façon harmonieuse.

Questionnaire d'auto-évaluation destiné à l'adolescent

J'évalue ma propre estime de moi-même

	Toujours (10 pts)	Souvent (7 pts)	Parfois (4 pts)	Rarement (0 pt)
Estime de soi sur le plan physique				
Je suis satisfait(e) de mon apparence physique	❏	❏	❏	❏
Mes ami(e)s me trouvent beau (belle)	❏	❏	❏	❏
Je suis habile dans les sports ou les activités physiques	❏	❏	❏	❏
Mes ami(e)s me trouvent habile physiquement	❏	❏	❏	❏
Je suis fort(e) et je résiste à la maladie	❏	❏	❏	❏
Estime de soi sur le plan familial				
Je me sens bien en famille	❏	❏	❏	❏
Je suis apprécié(e) de mes parents	❏	❏	❏	❏
Je suis apprécié(e) de mes frères et sœurs	❏	❏	❏	❏
Je suis important(e) dans ma famille	❏	❏	❏	❏
Je suis essentiel(le) au bon fonctionnement de la famille	❏	❏	❏	❏
Estime de soi sur le plan social				
J'ai le nombre d'ami(e)s que je désire	❏	❏	❏	❏
J'ai un ami (une amie) plus intime	❏	❏	❏	❏
Je suis apprécié(e) de mes ami(e)s	❏	❏	❏	❏
Je suis attirant(e) pour les jeunes du sexe opposé	❏	❏	❏	❏
Mon groupe d'amis ne peut pas se passer de moi	❏	❏	❏	❏
Estime de soi sur le plan scolaire				
Je suis apprécié(e) de la majorité de mes enseignant(e)s	❏	❏	❏	❏
Je participe régulièrement aux activités parascolaires	❏	❏	❏	❏
Je participe à la vie de l'école de façon active	❏	❏	❏	❏
Je suis satisfait(e) de mes résultats scolaires	❏	❏	❏	❏
Je possède plusieurs stratégies gagnantes pour réussir à l'école	❏	❏	❏	❏

Estime de soi globale

	Toujours (10 pts)	Souvent (7 pts)	Parfois (4 pts)	Rarement (0 pt)
Je suis fier(ère) de moi la plupart du temps	❏	❏	❏	❏
Je suis sûr(e) de moi lorsque j'entreprends quelque chose de nouveau	❏	❏	❏	❏
Je crois en mes capacités personnelles	❏	❏	❏	❏
Je me fais confiance	❏	❏	❏	❏
Je prends de bonnes décisions la plupart du temps	❏	❏	❏	❏
Je valorise mes réalisations	❏	❏	❏	❏
Je suis capable de refuser des demandes	❏	❏	❏	❏
Je me permets d'être différent(e) des autres	❏	❏	❏	❏
Je sais que je peux trouver des solutions lorsque je me retrouve devant un problème	❏	❏	❏	❏
Je me connais bien et je cherche à répondre à mes besoins	❏	❏	❏	❏

Total des points ❏

De 240 à 300 points: Tu possèdes une très bonne estime de toi. Tu te connais bien et tu te fais respecté(e) et apprécié(e) la plupart du temps. Bravo! Mais il faut maintenant se demander si tu te perçois de façon réaliste. Demande donc à tes parents et à tes ami(e)s de remplir à leur tour ce questionnaire en pensant à toi!

De 170 à 240 points: Tu as une assez bonne estime de toi. Examine bien les domaines où tu t'estimes le plus et ceux dans lesquels tu t'estimes le moins. Il est toujours possible de renforcer et d'améliorer l'image que tu as de toi!

De 30 à 170 points: Tu as une pauvre estime de toi. Tu es probablement très exigeant(e) envers toi et tu te juges sévèrement. Demande à tes parents et à tes amis de faire cet exercice en pensant à toi et compare leurs résultats aux tiens. Il est possible d'apprendre à s'accepter et à améliorer la perception qu'on a de soi. Il faut seulement se mettre au travail!

Bibliographie

Des mêmes auteurs

Duclos G, Laporte D. *Du côté des enfants - vol. 2.* Montréal: Hôpital Sainte-Justine; Magazine Enfants, 1992.

Duclos G, Laporte D, Ross J. *Les grands besoins des tout-petits: vivre en harmonie avec les enfants de 0 à 6 ans.* (Collection Parent guide) Saint-Lambert: Éditions Héritage, 1994.

Duclos G, Laporte D, Ross J. *Les besoins et les défis des enfants de 6 à 12 ans: vivre en harmonie avec des apprentis sorciers.* (Collection Parent guide) Saint-Lambert: Éditions Héritage, 1994.

Laporte D, Duclos G, Geoffroy L. *Du côté des enfants - vol. 1.* Montréal: Hôpital Sainte-Justine; Mensuel Enfants, 1990.

Laporte D, Sévigny L. *Comment développer l'estime de soi de nos enfants: journal de bord à l'intention des parents.* Montréal: Hôpital Sainte-Justine, 1993.

Autres livres et articles

Block J, Robins RW. A longitudinal study of consistency and change in self-esteem from early adolescence to early adulthood. *Child Development* 1993;64:909-923.

Blos P. *The adolescent passage: developmental issues.* New York: International Universities Press, 1979.

Brack CJ, Orr DP, Ingersoll G. Pubertal maturation and adolescent self-esteem. *Journal of Adolescent Health Care* 1988;9:280-285.

Chandler MJ. Egocentrism and antisocial behavior: the assessment and training of social perspective-taking skills. *Developmental Psychology* 1973;9:326-332.

Chapman JW, Lambourne R, Silva PA. Some antecedents of academic self-concept: a longitudinal study. *British Journal of Educational Psychology* 1990;60(pt 2):142-152.

Chiland C, Young JG. *Nouvelles approches de la santé mentale: de la naissance à l'adolescence pour l'enfant et sa famille.* Paris: PUF, 1990.

Claes M. *L'expérience adolescente.* Bruxelles: Pierre Mardaga, 1983.

Cloutier R. *Psychologie de l'adolescence.* Chicoutimi: G. Morin, 1982.

Coopersmith S. *The antecedents of self-esteem.* San Francisco: Freeman, 1967.

Côté C. *La discipline en classe et à l'école.* Montréal: Guérin, 1992.

Dolto F. *La cause des adolescents.* Paris: Laffont, 1988.

Dolto F. *L'échec scolaire: essais sur l'éducation.* Neuilly-sur-Seine: Ergo Press, 1989.

Dush DM, Hirt ML, Schroeder HE. Self-statement modification in the treatment of child behavior disorders: a meta-analysis. *Psychological Bulletin* 1989;106:97-106.

Dyer W. *Les dix commandements pour réussir l'éducation de vos enfants.* Paris: Belfond, 1988.

Erikson EH. *Adolescence et crise: la quête de l'identité.* Paris: Flammarion, 1972.

Gordon T. *Comment apprendre l'autodiscipline aux enfants.* Montréal: Le Jour, 1990.

Haynes NM. Influence of self-conception on school adjustment among middle-school students. *Journal of Social Psychology* 1990;130:199-207.

Klein HA. Temperament and self-esteem in late adolescence. *Adolescence* 1992;27(107):689-694.

Lehalle H. *Psychologie des adolescents.* Paris: PUF, 1985.

Lutte G. *Libérer l'adolescence.* Bruxelles: Pierre Mardaga, 1988.

Miller TW. Effects on an intensive self-esteem building therapeutic model on adolescents in psychiatric treatment. *Child Psychiatry and Human Development* 1990;21(2):135-143.

Nurmi JE, Pulliainen H. The changing parent-child relationship, self-esteem and intelligence as determinants of orientation to the future during early adolescence. *Journal of Adolescence* 1991;14:35-51.

Olweus D, Block J, Radke-Yarrow M. *Development of antisocial and prosocial behavior: research, theories and issues.* Orlando: Academic Press, 1986.

Osterrieth PA. *Faire des adultes.* Bruxelles: Dessart, 1964.

Pineault C. *Le développement de l'estime de soi.* Trois-Rivières: Commission scolaire de Trois-Rivières, 1990.

Pfeiffer JW, Jones JE. *Formation aux relations humaines.* Copenhagen: Teamcos Forlag A/S, 1979.

Pope AW, McHale SM. *Self-esteem enhancement with children and adolescents.* New York: Pergamon Press, 1988.

Reasoner RW. *Building self-esteem.* Santa Cruz: Educational & Training Services, 1982.

Rogers C. *Liberté pour apprendre.* Paris; Dunod, 1972.

Schell RE. *Developmental psychology today.* Del Mar, Calif.: Ramdom House, 1979.

Schneider MJ, Leitenberg HA. A comparison of aggressive and withdrawn children's self-esteem, optimism and pessimism, and causal attributions for success and failure. *Journal of Abnormal Child Psychology* 1989;17(2):133-144.

Schweitzer RD, Seth-Smith M, Callan V. The relationship between self-esteem and psychological adjustment in young adolescents. *Journal of Adolescence* 1992;15:83-97.

Tardif J. *Pour un enseignement stratégique: l'apport de la psychologie cognitive.* Montréal: Éditions Logiques, 1992.

Viau R. *La motivation en contexte scolaire.* St-Laurent: Éditions du Renouveau pédagogique, 1994.

Déjà paru chez le même éditeur:

**Comment développer l'estime de soi de nos enfants:
Journal de bord à l'intention des parents**
Danielle Laporte, Lise Sévigny
1993, 112 pages

Du côté des enfants I
Danielle Laporte, Germain Duclos, Louis Geoffroy
1990, 290 pages

Du côté des enfants II
Danielle Laporte, Germain Duclos
1993, 274 pages

En préparation:

Du côté des enfants III
Danielle Laporte, Germain Duclos

Achevé d'imprimer
en avril 1995 sur les presses
de Imprimerie Mont-Roy Inc.
Dorval (Québec)